AVENTURAS LITERARIAS

Ana C. Jarvis
University of California, Riverside

Raquel Lebredo
California Baptist College

Francisco Mena
Crafton Hills College

Aventuras
literarias

D. C. HEATH AND COMPANY
Lexington, Massachusetts • Toronto

Cover art by the Puerto Rican artist Torres Martinó, as originally printed in *Cuadernos de poesía* by Julia de Burgos (1964).

Acknowledgments

p. 3: Enrique Anderson-Imbert, "Sala de espera," from *El gato Cheshire*. Reprinted by permission of the author.

p. 4: Ana Cortesi-Jarvis, *La señorita Julia*. Reprinted by permission of the author.

p. 10: Marco Denevi, *Génesis*. Reprinted by permission of the author.

p. 20: Rosa Montero, "El arrebato," from *El país semanal*. Reprinted by permission of *El País*.

p. 23: Horacio Quiroga, "Tres cartas... y un pie," from *El salvaje*. Reprinted by permission.

p. 54: Antonio Machado, "XXIII", from *Proverbios y cantares*. Reprinted by permission.

p. 55: Federico García Lorca, *Obras Completas*. Copyright © Herederos de Federico García Lorca, 1954. Used by permission of New Directions Publishing Corporation, agents for the heirs of Federico García Lorca.

p. 56: Blas de Otero, "Pato," from *En Castellano*. Reprinted by permission of Editorial Losada, S.A.

p. 64: Juan Ramón Jiménez, "El viaje definitivo," from *Segunda antolojía poética*. Reprinted by permission of the Herederos de Juan Ramón Jiménez.

p. 65: Federico García Lorca, *Selected Poems of Federico García Lorca. Obras Completas* © 1954 Herederos de Federico García Lorca. Reprinted by permission of New Directions Publishing Corporation.

p. 66: Gabriela Mistral, "Los sonetos de la muerte," from *Desolación*. Reprinted by permission of Joan Daves. Copyright © 1922 by Gabriela Mistral.

p. 78: Jorge Luis Borges, "Emma Zunz," from *El Aleph*. © Emecé Editores, S.A., Buenos Aires, 1957.

p. 88: Camilo José Cela, *La colmena*. Reprinted by permission of the author.

p. 104: Federico García Lorca, *Obras Completas*. Copyright © Herederos de Federico García Lorca, 1954. All Rights Reserved.

p. 114: Nellie Campobello, "Nacha Ceniceros," from *Cartucho*. Reprinted by permission of the author.

p. 115: Nellie Campobello, "Las sandías," from *Cartucho*. Reprinted by permission of the author.

p. 116: Martín Luis Guzmán, "Pancho Villa en la cruz," from *El águila y la serpiente*. Reprinted by permission

p. 128: Julio Cortázar, "Los amigos," from *Relatos*. Copyright Editorial Sudamericana, S.A. Reprinted by permission of Editorial Sudamericana, S.A.

p. 131: "Una entrevista con Ernesto Sábato," from *Vanidades* (October 12, 1976). © Editorial América, S.A. Reprinted by permission of *Vanidades*.

p. 143: Francisco Mena Benito, "Otoño," from *Retratos y reflejos*. Reprinted by permission of the author.

p. 151: Hugo Rodríguez-Alcalá, "El as de espadas." Reprinted by permission of the author.

Preface

Aventuras literarias has been designed with this thought in mind: "The student's first experience with literature should be truly rewarding." This can be accomplished only if students are able to understand what they read without much effort and especially without the constant need to look up words in a dictionary. When students are able to read, understand, and enjoy a literary work, they experience success and, as we all know, they will be encouraged to continue to read and to learn.

The readings in *Aventuras literarias* have been carefully chosen to include diverse forms of expression — fables, short stories, essays, excerpts from novels or plays, and poems. They have been edited or abridged as little as possible in order to retain the flavor of the original works. In level of difficulty, the selections gradually progress from short, fairly simple pieces in the early chapters to works that are more complex linguistically and grammatically. Passive vocabulary is glossed on the page. Active vocabulary is listed at the end of the chapter. Further reinforcement of active vocabulary is provided in the comprehension questions that follow each selection and in a vocabulary review exercise titled *Palabras y más palabras...*

Lecturas suplementarias, consisting of more difficult selections, appear at the end of the book. These selections allow the instructor flexibility to make special assignments; at the same time, they provide a challenge for those students who are interested in reading additional texts.

Although *Aventuras literarias* has been designed to accompany *Continuemos*, it may be used by itself or as a supplement to any review grammar. Its use with *Continuemos*, however, offers a definite advantage, since each selection provides reinforcement of the grammatical structures covered in the corresponding chapter of *Continuemos*.

The material in each unit is divided thus:

- a headnote containing biographical and literary information about the writer
- the literary selection
- *Díganos* (questions that test comprehension and encourage discussion and conversation)

- *Vocabulario* (all of the new active words and expressions that appear in the chapter)
- *Palabras y más palabras* (an exercise designed to help students master all new terms and expressions)
- *Desde el punto de vista literario* (a discussion of the literary qualities of the selections in the chapters, using the literary terms and concepts that appear in the *Apéndice literario*)
- *Composición* (a guided composition based on themes presented in the readings, providing students with the opportunity to express themselves in writing. This activity also lends itself to oral presentation.)

Aventuras literarias also contains a short literary appendix, which explains literary genres and defines basic literary terms. We suggest that students familiarize themselves with the material in the *Apéndice literario,* for it will enable them to acquire a better understanding of the selections and to discuss them with greater insight.

We believe that our choice of texts in *Aventuras literarias* will allow students to develop their ability to read and appreciate literary works and to express themselves both orally and in writing. Indeed, it is our hope that from this first encounter with Spanish and Hispanic-American literature they will go on to even greater literary adventures!

We want to express our appreciation to the members of the editorial staff of D. C. Heath and Company for their many valuable suggestions, which have enhanced the quality of the manuscript.

A. C. Jarvis
R. Lebredo
F. Mena

Contents

LECTURAS SUPLEMENTARIAS

Selecciones poéticas

Tres cuentos

Dos ensayos

APÉNDICE LITERARIO

VOCABULARIO

AVENTURAS LITERARIAS

La zorra y las uvas

FÁBULA DE ESOPO

En un caluroso día de verano, pasea la zorra° por un huerto. *fox*
De pronto descubre un racimo° de uvas casi maduras en una *bunch*
vid que crece enrollada° a una alta rama. *wrapped around*

«Precisamente lo que necesito para apagar° la sed», *quench*
exclama. Retrocede unos pasos, corre y salta y pierde° el *misses*
racimo por un pelo.

Retrocede de nuevo, reúne todas sus fuerzas y diciendo
«¡uno, dos y tres!» da un tremendo salto,° pero no es mejor el *leap*
resultado.

Una y otra vez trata de alcanzar° las uvas, pero finalmente *to reach*
tiene que darse por vencida.° Se va con la nariz respingada° y **tiene que...**
comenta: «¡Están verdes!»   *has to give up / nose turned up*

Moraleja: «Es fácil desdeñar° lo que no se puede *disdain*
conseguir.»

Díganos...

1. ¿Qué descubre la zorra mientras pasea por un huerto?
2. ¿Qué método usa la zorra para alcanzar las uvas?
3. ¿Qué hace la zorra al no poder conseguir las uvas?
4. ¿Cuál es la moraleja de la fábula?

NOTA: Antes de comenzar a leer las siguientes selecciones, familiarícese con el vocabulario que aparece al final de las lecturas. Siga el mismo procedimiento en todos los capítulos del libro.

ENRIQUE ANDERSON–IMBERT *(Argentina)* *(1910–   )*

Enrique Anderson–Imbert es un distinguido profesor, narrador y crítico. Pertenece a un grupo bastante numeroso de ensayistas y cuentistas hispanoamericanos que viven y enseñan en los Estados Unidos. La siguiente selección es uno de sus deliciosos «minicuentos».

Sala de espera *(Adaptado)*

Costa y Wright roban una casa. Costa asesina a Wright y se queda con° la valija llena de joyas y dinero. Va a la estación para escaparse en el primer tren. En la sala de espera, una señora se sienta a su izquierda y le da° conversación. Fastidiado°, Costa finge con un bostezo que tiene sueño y que va a dormir, pero oye que la señora continúa conversando. Abre entonces los ojos y ve, sentado a la derecha, el fantasma° de Wright. La señora atraviesa° a Costa de lado a lado con la mirada y charla con el fantasma, quien contesta con simpatía°. Cuando llega el tren, Costa trata de levantarse, pero no puede. Está paralizado, mudo y observa atónito° cómo el fantasma toma tranquilamente la valija y camina con la señora hacia el andén, ahora hablando y riéndose. Suben, y el tren parte. Costa los sigue con los ojos. Viene un hombre y comienza a limpiar la sala de espera, que ahora está completamente desierta. Pasa la aspiradora por el asiento donde está Costa, invisible.

se... keeps

engages him in
Annoyed

ghost
transfixes

charm
aghast

(De su colección *El gato Cheshire*)

Díganos...

1. ¿Qué hacen Costa y Wright y qué pasa después?
2. ¿Qué sucede en la sala de espera?
3. ¿Con quién conversa la señora?
4. ¿Por qué no puede Costa tomar el tren?
5. ¿Es lógico el final de este cuento? ¿Por qué?

ANA CORTESI–JARVIS *(Paraguay)* *(1937–)*

Ana Cortesi-Jarvis es autora de varios libros de texto. Ha publicado también varios cuentos y poemas. Reside y enseña en los Estados Unidos.

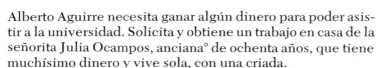

La señorita Julia

Alberto Aguirre necesita ganar algún dinero para poder asistir a la universidad. Solicita y obtiene un trabajo en casa de la señorita Julia Ocampos, anciana° de ochenta años, que tiene muchísimo dinero y vive sola, con una criada.   *old lady*

El trabajo de Alberto consiste en hacer un inventario completo de todas las posesiones de la señorita Julia.

Un día, Alberto sube a un cuarto pequeño, con cortinas de encaje° blanco y olor a jazmines. Es entonces que nota el   *lace* cuadro enorme colgado en la pared. Es el retrato de una muchacha de belleza° espléndida, sentada bajo un árbol   *beauty* grande, con margaritas en el regazo.°   *lap*

Alberto pasa horas en el cuarto, contemplando el cuadro. Allí trabaja, come, sueña°, vive...   *dreams*

Un día oye los pasos° de la señorita Julia, que viene hacia   *steps* el cuarto.

—¿Quién es? —pregunta Alberto, señalando el cuadro con una mezcla de admiración, respeto y delirio.

—Soy yo... —responde la señorita Julia—, yo a los dieciocho años.

Alberto mira el cuadro y mira a la señorita Julia, alternativamente. En su corazón nace un profundo odio° por la   *hatred* señorita Julia, que es vieja y arrugada° y tiene el pelo blanco.   *wrinkled*

Cada día que pasa, Alberto está más pálido y nervioso. Casi no trabaja. Cada día está más enamorado de la muchacha del cuadro, y cada día odia más a la señorita Julia.

Una noche, cuando está listo para regresar a su casa, oye pasos que vienen hacia el cuarto. Es la señorita Julia.

—Su trabajo está terminado —dice—; no necesita regresar mañana...

Alberto mata a la señorita Julia y pone el cadáver de la anciana a los pies de la muchacha.

Pasan dos días. La criada llama a la policía cuando descubre el cuerpo de la señorita Julia en el cuarto de arriba.

—Estoy segura de que fue un ladrón —solloza° la criada.   *weeps*

—¿Falta algo de valor?° —pregunta uno de los policías   *value*
mirando a su alrededor.

La criada tiene una idea. Va a buscar el inventario deta-
llado, escrito por Alberto con su letra pequeña y apretada.°   *minute, tiny*
Los dos policías leen el inventario y van por toda la casa y
ven que no falta nada.

Regresan al cuarto.

Parados al lado de la ventana con cortinas de encaje blanco
y olor a jazmines, leen la descripción del cuadro que tienen
frente a ellos: «retrato de una muchacha de belleza espléndida, sentada bajo un árbol grande, con margaritas en el regazo.»

—¡Qué raro! —exclama uno de los policías, frunciendo el   *frunciendo...*
ceño.° —Según este inventario, es el retrato de una   *frowning*
muchacha, no de una pareja°...   *couple*

Díganos...

1. ¿Qué problema tiene Alberto y cómo lo soluciona?
2. ¿Cómo es el cuarto donde está el cuadro?
3. ¿Cómo es el cuadro que Alberto contempla durante horas?
4. ¿Qué diferencia hay entre la muchacha del cuadro y la señorita Julia que ve Alberto?
5. ¿Qué sentimientos inspira cada una de ellas en Alberto?
6. ¿Por qué mata Alberto a la señorita Julia?
7. ¿Cómo pueden estar seguros los policías de que no falta nada en la casa?
8. ¿Qué diferencia hay entre el cuadro que describe el inventario y el que ven los policías?

VOCABULARIO

NOMBRES

el **bostezo**   yawn
el **corazón**   heart
la **fuerza**   strength
el **huerto**   orchard
la **joya**   jewel
la **letra**   handwriting
la **margarita**   daisy
la **mirada**   glance, look, stare
el **olor**   smell
la **rama**   branch

el **retrato**   portrait
la **vid**   vine

VERBOS

asesinar   to murder
colgar (o > ue)   to hang
faltar   to be missing
fingir   to pretend
matar   to kill
nacer   to be born
odiar   to hate
partir   to depart, to leave

retroceder to back up
saltar to jump (over), to leap (over)

raro(a) strange, rare

ADJETIVOS

maduro(a) ripe
mudo(a) mute

OTRAS PALABRAS Y EXPRESIONES

de nuevo again
pasar la aspiradora to vacuum

Palabras y más palabras

Las palabras nuevas que aparecen en las tres selecciones... ¿forman ya parte de su vocabulario? ¡Vamos a ver!

Dé las palabras equivalentes a ló siguiente.

1. extraño
2. irse
3. ir hacia atrás
4. fruta de la vid
5. fotografía
6. opuesto de *morir*
7. no hay
8. matar con premeditación
9. opuesto de *amar*
10. aroma
11. parte de un árbol
12. otra vez
13. dar un salto
14. opuesto de *verde*
15. lugar donde hay árboles frutales
16. opuesto de *debilidad*
17. que no puede hablar
18. poner un cuadro en la pared
19. flor de pétalos blancos y centro amarillo
20. lo que se hace para limpiar una alfombra

Desde el punto de vista literario

Comente usted. . .

1. Teniendo en cuenta las características de la fábula, ¿cómo sabe usted que «La zorra y las uvas» pertenece a este género?
2. De los cuatro personajes que aparecen en «Sala de espera», ¿cuál(es) considera usted real(es)? ¿Por qué?
3. ¿Desde qué punto de vista está narrado el cuento?

4. ¿Cómo es el final del cuento y qué contraste hay entre el principio y el final?
5. ¿Qué clase de lenguaje usa la autora del cuento «La señorita Julia»? Dé ejemplos.
6. ¿Cuál es el tema del cuento? ¿Hay más de un tema?
7. ¿Cuál cree usted que es el personaje principal del cuento?
8. ¿Hay desarrollo en el personaje de Alberto Aguirre?
9. ¿Qué importancia adquiere el inventario en el cuento?
10. ¿Qué similaridades ve usted entre los cuentos «La sala de espera» y «La señorita Julia»?

Composición

Tomando como punto de partida la frase «están verdes», (de «La zorra y las uvas») narre usted una situación (real o imaginaria) en la que una persona trata de conseguir algo. Diga lo que hace para obtener lo que desea, y su reacción al no poder conseguirlo. Termine la narración usando la moraleja de la fábula.

PENSAMIENTOS DE HOMBRES ILUSTRES

Sobre la muerte

La cosa es haber entrado en la vida humana, que el salir no tiene importancia.

Ramón Gómez de la Serna (España: 1888–1963)

¡Qué malos actores somos! La muerte es una pieza que ensayamos[1] todas las noches y no aprendemos nunca.

Enrique José Varona (Cuba: 1849–1933)

---

[1] we rehearse

MARCO DENEVI *(Argentina)(1922–   )*

Marco Denevi está considerado como uno de los mejores cuentistas hispanoamericanos. Algunos de sus cuentos son casi novelas, y otros — los microcuentos — son de pocas líneas. Marco Denevi escribe también novelas, una de las cuales — *Rosaura a las diez* — ganó el premio Kraft en 1955. En 1960, su novela *Ceremonia secreta* ganó el primer premio del concurso organizado por la revista *Life en español*.

Génesis *(Adaptado)*

Con la última guerra atómica, la humanidad y la civilización desaparecen. Toda la tierra es como un desierto calcinado. En cierta región de oriente sobrevive un niño, hijo del piloto de una nave espacial.° El niño come hierbas y duerme en una caverna. Durante mucho tiempo, aturdido° por el horror del desastre, sólo sabe llorar y llamar a su padre. Después, sus recuerdos se oscurecen,° se vuelven arbitrarios y cambiantes° como un sueño, su horror se transforma en un vago miedo. A ratos recuerda la figura de su padre, que le sonríe o lo amonesta° o asciende a su nave espacial, envuelta en fuego y en ruido, y se pierde entre las nubes. Entonces, loco de soledad, cae de rodillas° y le ruega que vuelva. Mientras tanto, la tierra se cubre nuevamente de vegetación; las plantas se llenan de flores; los árboles, de frutos. El niño, convertido en un muchacho, comienza a explorar el país. Un día ve un pájaro. Otro día ve un lobo.° Otro día, inesperadamente,° encuentra a una joven de su edad que, lo mismo que él, ha sobrevivido los horrores de la guerra atómica.

—¿Cómo te llamas? —le pregunta.

—Eva, —contesta la joven—. ¿Y tú?

—Adán.

space ship

stunned

become dark / changing

scolds

cae... *falls on his knees*

wolf / unexpectedly

Díganos...

1. ¿Cómo describe el autor el resultado de la última guerra atómica?
2. ¿Quién es el único sobreviviente y cómo es su vida al principio?
3. ¿Qué recuerdos tiene de su pasado?
4. ¿Qué transformaciones ocurren en la tierra?
5. ¿Qué transformaciones ocurren en el niño?
6. ¿Cómo sabemos que la vida en este mundo va a continuar?

GERMÁN ARCINIEGAS *(Colombia)* *(1901–   )*

Germán Arciniegas es uno de los escritores colombianos más distinguidos. Sus brillantes ensayos se centran en la cultura, la sociología, la historia, el arte y la literatura, no solamente de su país, sino de toda Latinoamérica. Su estilo es ligero y ágil y su prosa es una de las mejores en las últimas décadas. Por lo general, sus libros de ensayos son colecciones de artículos de periódicos, como por ejemplo *El estudiante de la mesa redonda* (1932), *América, tierra firme* (1937), *Este pueblo de América* (1945), *Entre la libertad y el miedo* (1952), *El continente de siete colores, Historia de la cultura en la América Latina* (1965) y *En el país de los rascacielos y las zanahorias* (1945). Su famosa biografía, *El caballero de El Dorado* (1942) sobre la vida de Gonzalo Jiménez de Quesada, conquistador de Colombia y fundador de Bogotá, es una de las mejores escritas en este continente, según el crítico Orlando Gómez Gil. Otras obras importantes de este gran escritor colombiano son *Biografía del Caribe* (1945) y *Entre la libertad y el miedo* (1952). Muchos de sus libros han sido traducidos al inglés.

Lecciones de inglés *(Adaptado)*

Un inglés que en algo se estima° se presenta de esta manera: «Soy Mr. John Nielsen, Ene-i-e-ele-ese-e-ene.» Esto es porque en inglés se supone que una palabra se pronuncia de un modo — cosa que no es exacta — pero que en todo caso puede escribirse de mil maneras. Aun el deletreo° puede no ser suficientemente claro, principalmente si se hace por teléfono. En este caso lo más discreto y usual es decir: «Mr. Arciniegas, *A* como en Argentina, *R* como en Rusia, *C* como en Colombia, *I* como en Irlanda... » De esta manera, siendo el idioma de Shakespeare tan conciso, un apellido puede extenderse indefinidamente.

    Para ofrecer al lector un caso práctico, he aquí lo que° ayer me ocurrió. Debía llamar por teléfono al profesor Nielsen, que se pronuncia *Nilson*, y que se deletrea como dejo escrito. En la guía de teléfonos busco su nombre y leo: «Nielsen (si Ud. no encuentra aquí el nombre que busca, vea Nealson, Neilsen, Neilson, Nilsen o Nilson)». Éstas son todas las maneras que hay para decir *Nilson*.

    Las confusiones no quedan limitadas a los apellidos. Como tesis fundamental usted puede decir que toda palabra inglesa es un jeroglífico. Yo tengo un libro que, en la edición española, se llama *El caballero*° *de El Dorado*. Aquí, *The*

que en... who has some self-esteem

spelling

he aquí... here's what

knight

11

Knight of El Dorado. Pero como en inglés «noche» y «caballero» se pronuncian de un mismo modo, cuando estoy hablando de mi libro nadie sabe si he escrito un nocturno o una obra de caballería.° En la cubierta de este libro aparece la siguiente advertencia: «Germán Arciniegas (se pronuncia *Hair-máhn Ar-seen-yaygus*).» La advertencia es indispensable.   *chivalry*

Pero si el lector quiere saber más sobre los problemas de mi apellido en este país, puedo informarle que un día en el periódico anunciaron una conferencia mía así: «Hoy da una conferencia sobre la América Latina el doctor *Arthur Nagus.*»

La dificultad del inglés está, de un lado,° en la emisión de los sonidos, que nosotros no podemos producir como los «*místeres*». Cuando uno se da cuenta de que cada letra de las vocales se pronuncia de cuatro o cinco modos distintos, desfallece.° El esfuerzo° que uno realiza para producir «eres» o «eses» no sólo causa una gran fatiga a quienes estamos acostumbrados al español, sino que deja en el rostro una impresión de dolor o de gran torpeza.° Yo siempre les doy esta explicación a mis colegas: «Yo no soy bobo; es que no sé inglés.»   *on the one hand*   *faints / effort*   *stupidity*

El único consuelo es ver que los místeres tienen, con nuestra lengua, los mismos problemas que nosotros tenemos con la suya.

Díganos...

1. ¿Qué comentarios hace el autor sobre la manera de pronunciar y escribir el inglés?
2. ¿Qué problemas tiene el autor con la versión inglesa de su obra *El caballero de El Dorado*?
3. ¿Qué dice el autor sobre los problemas de su apellido en los Estados Unidos?
4. ¿Cuál es la mayor dificultad que tiene un hispanohablante cuando trata de hablar inglés?
5. ¿Por qué les explica Arciniegas a sus colegas que él no es bobo?
6. ¿Cuál es el único consuelo que encuentra Arciniegas?

JULIO CAMBA *(España) (1882–1962)*

Julio Camba, escritor de estilo satírico y humorístico, publicó numerosos artículos en los cuales da sus impresiones sobre la vida y la cultura de los distintos países que visitó.

El artículo que ofrecemos a continuación pertenece al libro de ensayos *La rana viajera.* Otros libros del autor son *Alemania, Londres, Aventuras de una peseta, Lúculo o el arte de comer, La ciudad automática, Haciendo de república, Mis páginas mejores* y *Millones al horno.*

El tiempo y el espacio *(Adaptado)*

Tengo algo urgente que discutir con un amigo. Por supuesto el amigo dice que hoy no puede ser.

—¿Mañana... ?

—Muy bien. ¿A qué hora?

—A cualquier hora. Después de almorzar, por ejemplo...

Yo digo que eso no es una hora. «Después de almorzar» es algo demasiado vago, demasiado elástico.

—¿A qué hora almuerza usted? —pregunto.

—¿A qué hora almuerzo? Pues a la hora en que almuerza todo el mundo: a la hora de almorzar...

—Pero ¿qué hora es la hora de almorzar para usted? ¿El mediodía? ¿La una de la tarde? ¿Las dos... ?

—Más o menos... —dice mi amigo—. Yo almuerzo de una a dos. A veces no almuerzo hasta las tres... De todos modos a las cuatro siempre estoy libre.

—Entonces, ¿a las cuatro? Mi amigo asiente.

—Claro que, si llego unos minutos tarde —añade—, usted puede esperar, ¿verdad? Quien dice a las cuatro, dice a las cuatro y cuarto o a las cuatro y media. En fin, de cuatro a cinco yo estoy sin falta en el café.

Yo quiero ser exacto.

—¿A las cinco?

—Muy bien. A las cinco... Es decir, de cinco a cinco y media... Uno no es un tren, ¡qué diablo!

—Pues podemos decir las cinco y media —propongo yo. Entonces mi amigo tiene una idea brillante.

—¿Por qué no decimos a la hora del aperitivo? —sugiere.

Hay una nueva discusión para fijar en términos de reloj la hora del aperitivo. Finalmente, quedamos en reunirnos de siete a ocho. Al día siguiente dan las ocho,° y, claro está, mi amigo no viene. Llega a las ocho y media echando el bofe° y no me encuentra.

dan... *the clock strikes eight*
echando... *out of breath*

—No es justo— exclama días después al encontrarnos en la calle—. Me hace usted fijar una hora, me hace usted correr, y no me espera ni diez minutos. Yo llego a las ocho y media en punto, y usted no está esperándome.

Y lo más curioso es que la indignación de mi amigo es auténtica. Para él, la puntualidad es algo completamente absurdo. Lo lógico, para él, es llegar media hora, tres cuartos de hora, o una hora después.

Pero —digo yo— una cita es una cosa que tiene que estar tan limitada en el tiempo como en el espacio. ¿Qué pasa si tenemos una cita en la Puerta del Sol y yo voy a los Cuatro Caminos? Pues eso digo yo de usted cuando tenemos una cita a las ocho, y usted no llega hasta las ocho y media. De despreciar° el tiempo, podemos despreciar también el espacio. Y de respetar el espacio, ¿por qué no considerar también el tiempo?

de... *if we scorn*

—Pero con esa precisión, con esa exactitud,° la vida es imposible —opina mi amigo.

accuracy

—¿Cómo explicarle que esa exactitud y esa precisión sirven, al contrario, para simplificar la vida? ¿Cómo convencerle de que, llegando puntualmente a las citas uno ahorra mucho tiempo para hacer otras cosas?

Imposible. El español no llega puntualmente a las citas, no por considerar que el tiempo es una cosa preciosa, sino al contrario, porque el tiempo no tiene importancia para nadie en España. No somos superiores, somos inferiores al tiempo. No estamos por encima, sino por debajo, de la puntualidad.

Díganos...

1. ¿Por qué dice el autor que «después de almorzar» es algo demasiado elástico?
2. ¿Tiene el amigo del autor una hora exacta para almorzar?
3. ¿A qué hora dice el señor que va a estar en el café «sin falta»?
4. ¿Qué sucede al día siguiente a las ocho?
5. ¿Qué piensa el amigo del autor sobre la puntualidad?
6. ¿Qué dice el autor sobre las citas?
7. ¿Por qué es una buena idea acudir puntualmente a una cita?
8. El español no es puntual. ¿Por qué?

VOCABULARIO

NOMBRES

la **advertencia** warning
la **conferencia** lecture
la **cubierta** cover (*i.e., of a book*)
la **explicación** explanation
la **guerra** war
la **guía de teléfonos** telephone
      book
la **hierba** herb, plant
el **modo** way
la **nube** cloud
el **ruido** noise
el **sonido** sound

VERBOS

asentir (e > ie) to agree
citar to make an appointment (with)

convertir(se) (en) (e > ie) to turn
   into
deletrear to spell
opinar to give an opinion

ADJETIVOS

bobo(a) dumb, stupid

OTRAS PALABRAS Y EXPRESIONES

debajo (de) under, beneath
encima (de) on top of, above, on
en fin . . . well . . .
es decir that is to say
¡qué diablo! what the heck!
quedar en to agree on
sin falta without fail

Palabras y más palabras

Las palabras nuevas que aparecen en las tres selecciones... ¿forman ya parte de su vocabulario? ¡Vamos a ver!

Dé las palabras equivalentes a lo siguiente.

1. parte exterior de un libro
2. dar una opinión
3. libro en el que aparecen los números de teléfono
4. estúpido
5. manera
6. opuesto de *paz*
7. opuesto de *encima*
8. hacer una cita
9. decir que sí
10. ¡Qué caramba!
11. sonido
12. transformarse
13. decir las letras que forman una palabra
14. seguramente
15. condensación de agua en el cielo
16. lo que comen los caballos, por ejemplo
17. clarificación
18. acordar
19. charla informativa
20. acción de advertir

Desde el punto de vista literario

Comente usted...

1. ¿En qué libro se inspira Marco Denevi para su cuento?
2. ¿Cuál es el tema central del cuento «Génesis»?
3. ¿Cómo es el ambiente del cuento al principio y cómo cambia?
4. ¿Qué importancia tienen los nombres de los personajes en el cuento «Génesis»?
5. ¿Cuál es el tono que usa Germán Arciniegas en su artículo «Lecciones de inglés»?
6. ¿Cuál es el tema del artículo?
7. ¿Qué usa Julio Camba para presentar a sus personajes sin describirlos?
8. ¿Ve usted un poco de caricatura en la presentación del amigo de Camba?
9. ¿De qué manera usan Arciniegas y Camba la exageración para dar énfasis al tema de sus artículos? Dé ejemplos.
10. ¿Qué diferencia hay en el lenguaje que usa Marco Denevi y el que usan los otros dos autores?

Composición

Escriba una composición sobre el siguiente tema: *El tiempo es oro.*

Plan de trabajo

1. Introducción
   Explique brevemente los problemas que tienen los jóvenes con el tiempo: asistir a la universidad / trabajar parte del día para pagar los estudios / la distancia que tienen que viajar / tiempo para estudiar y tiempo para las diversiones.
2. Desarrollo
   a. Discuta las ventajas y los inconvenientes de ser puntual en los Estados Unidos.
   b. Compárelo con el valor del tiempo para el español según el artículo de Camba.
3. Conclusión
   Analice todos los aspectos del problema y exprese su opinión personal: Por qué soy (no soy) puntual.

PENSAMIENTOS DE HOMBRES ILUSTRES

Sobre la convivencia

El respeto al derecho ajeno[1] es la paz.

Benito Juárez (México: 1806–1872)

Si te sientes muy solo, busca la compañía de otras almas y frecuéntalas. Pero no olvides que cada alma está especialmente construida para la soledad.

Juan José Arreola (México: 1918–   )

---

[1] **derecho...** other people's rights

3

ROSA MONTERO   *(España) (1951–   )*

Rosa Montero nació en Madrid, y en la Universidad de esta ciudad hizo sus estudios de sicología y periodismo. En 1969 empieza a trabajar como periodista en periódicos tan importantes como *Arriba, Pueblo* y *Mundo Diario*. Al mismo tiempo, colabora en programas de televisión y actúa como actriz en el teatro. En la actualidad es «redactora jefa» de la revista dominical del diario *El País*.

En el año 1978 ganó el premio «Mundo», concedido por el Círculo de Escritores Cinematográficos, por su labor como guionista de cine; y en 1980, el premio «Nacional» de periodismo.

Además de sus reportajes, guiones y entrevistas, es autora de dos novelas: *Crónica del desamor* y *La función Delta*. Su estilo sobresale por su brevedad, plasticidad e ironía, hecho que hace que sus cuentos y novelas sean fáciles de llevar al cine.

El arrebato° *(Adaptado)*

rage

Las nueve menos cuarto de la mañana. Semáforo en rojo, un rojo inconfundible.° Las nueve menos trece, hoy no llego. Embotellamiento de tráfico. Doscientos mil coches junto al tuyo. Tienes la mandíbula tan tensa que entre los dientes aún está el sabor del café del desayuno. Miras al vecino. Está intolerablemente cerca. La chapa de su coche casi roza° la tuya. Verde. Avanza, imbécil. ¿Qué hacen? No arrancan. No se mueven, los estúpidos. Están paseando, con la inmensa urgencia que tú tienes. Doscientos mil coches que salieron a pasear a la misma hora solamente para fastidiarte. ¡Rojjjjjo! ¡Rojo de nuevo! No es posible. Las nueve menos diez. Hoy desde luego que no llego-o-o-o (gemido° desolado). El vecino te mira con odio. Probablemente piensa que tú tienes la culpa de no haber pasado el semáforo (cuando es obvio que los culpables° son los idiotas de delante). Tienes una premonición de catástrofe y derrota.° Hoy no llego. Por el espejo ves cómo se acerca un chico en una motocicleta, zigzagueando entre los coches. Su facilidad te causa indignación, su libertad te irrita. Mueves el coche unos centímetros hacia el del vecino, y ves que el transgresor está bloqueado, que ya no puede avanzar. ¡Me alegro! Alguien pita° por detrás. Das un salto, casi arrancas. De pronto ves que el semáforo sigue

unmistakable

rubs

moan

guilty
defeat

honks

aún en rojo. ¿Qué quieres, que salga con la luz roja, imbécil?
Te vuelves° en el asiento, y ves a los conductores a través de   *turn around*
la contaminación y el polvo° que cubre los cristales de tu   *dust*
coche. Los insultas. Ellos te miran con odio asesino. De
pronto, la luz se pone verde y los de atrás pitan desesperadamente. Con todo ese ruido reaccionas, tomas el volante, al fin arrancas. Las nueve menos cinco. Unos metros
más allá la calle es mucho más estrecha; sólo cabrá un
coche. Miras al vecino con odio. Aceleras. Él también. Comprendes de pronto que llegar antes que el otro es el objeto
principal de tu existencia. Avanzas unos centímetros. Entonces, el otro coche te pasa victorioso. Corre, corre, gritas,
fingiendo gran desprecio:° ¿a dónde vas, idiota?, tanta prisa   *scorn*
para adelantarme sólo un metro... Pero la derrota duele. A
lo lejos ves una figura negra, una vieja que cruza la calle lentamente. Casi la atropellas. «Cuidado, abuela», gritas por la
ventanilla; estas viejas son un peligro, un peligro. Ya estás
llegando a tu destino, y no hay posibilidades de aparcar. De
pronto descubres un par de metros libres, un pedacito de
ciudad sin coche: frenas, el corazón te late apresuradamente.° Los conductores de detrás comienzan a tocar   *beats fast*
la bocina:° no me muevo. Tratas de estacionar, pero los   *to honk*
vehículos que te siguen no te lo permiten. Tú miras con angustia el espacio libre, ese pedazo de paraíso tan cercano y,
sin embargo, inalcanzable.° De pronto, uno de los coches   *unreachable*
para y espera a que tú aparques. Tratas de retroceder, pero la
calle es angosta y la cosa está difícil. El vecino da marcha
atrás para ayudarte, aunque casi no puede moverse porque
los otros coches están demasiado cerca. Al fin aparcas. Sales
del coche, cierras la puerta. Sientes una alegría infinita, por
haber cruzado la ciudad enemiga, por haber conseguido un
lugar para tu coche; pero fundamentalmente, sientes enorme
gratitud hacia el anónimo vecino que se detuvo y te permitió
aparcar. Caminas rápidamente para alcanzar al generoso
conductor, y darle las gracias. Llegas a su coche, es un
hombre de unos cincuenta años, de mirada melancólica.
Muchas gracias, le dices en tono exaltado. El otro se so-
bresalta,° y te mira sorprendido. Muchas gracias, insistes;   *se...jumps*
soy el del coche azul, el que estacionó. El otro palidece,° y al   *becomes pale*
fin contesta nerviosamente: «Pero, ¿qué quería usted? ¡No
podía pasar por encima de los coches! No podía dar más
marcha atrás». Tú no comprendes. «¡Gracias, gracias!» pien-
sas. Al fin murmuras: «Le estoy dando las gracias de verdad,
de verdad...» El hombre se pasa la mano por la cara, y dice:

«es que... este tráfico, estos nervios...» Sigues tu camino, sorprendido, pensando con filosófica tristeza, con genuino
asombro:° ¿Por qué es tan agresiva la gente? ¡No lo entiendo!   *amazement*

(*El País*, Madrid)

Díganos...

1. ¿Cómo describe la autora el embotellamiento de tráfico?
2. ¿Qué piensa la autora mientras espera la luz verde?
3. ¿Por qué envidia al chico que va en la motocicleta?
4. ¿Qué pasa cuando la autora y otro conductor llegan a una calle estrecha al mismo tiempo?
5. ¿Cómo reacciona la autora cuando el otro coche le pasa, victorioso?
6. ¿Qué dice sobre la vieja que cruza la calle?
7. ¿Qué pasa cuando descubre un espacio para estacionar?
8. ¿Cómo reacciona el hombre cuando ella le da las gracias? ¿Por qué?

HORACIO QUIROGA *(Uruguay)* *(1878–1935)*

Horacio Quiroga vivió la mayor parte de su vida en la Argentina. Su vida y su personalidad tienen gran influencia en su obra. Su obsesión por la muerte, el asesinato, el suicidio y lo sobrenatural se refleja en su obra. En 1935 se suicidó al enterarse que tenía cáncer.

En su obra se nota gran variedad de personajes, temas y escenarios, pero sus predilecciones son: la selva con sus peligros, los estados anormales del hombre, las enfermedades extrañas y la sicología de los animales.

Sobresale en el uso excepcional del diálogo, lo dramático y el sentido del suspenso. Su prosa es precisa y se observa un dominio perfecto de la técnica.

Sus principales obras son las novelas *Historia de un amor turbio* y *Pasado amor* y sus colecciones de cuentos, donde se encuentra lo mejor de su producción: *Cuentos de amor, de locura y de muerte, La gallina degollada* y *Los desterrados.*

Tres cartas... y un pie *(Adaptado)*

Señor:

Le envío estas líneas, por si° usted tiene la ambilidad° de publicarlas con su nombre. Le hago este pedido porque sé que no las admitirán en un periódico, firmadas por mí. *in case / kindness*

Por mis obligaciones, debo tomar dos veces por día el tranvía,° y hace cinco años que hago el mismo recorrido.° A veces, de vuelta, regreso con algunas amigas, pero de ida voy siempre sola. Tengo viente años, soy alta, delgada y rubia; y creo tener habilidad para juzgar a los hombres. *streetcar / distance traveled*

Usted sabe que es costumbre en ustedes, antes de subir al tranvía, mirar hacia adentro por las ventanillas. Ven así todas las caras (las de las mujeres, por supuesto, porque son las únicas que les interesan). Después suben y se sientan.

Pues bien; desde que el hombre se acerca al tranvía y mira adentro, yo sé perfectamente, sin errar jamás, qué clase de hombre es. Sé si es serio, o si quiere aprovechar bien los diez centavos, efectuando de paso una rápida conquista. Conozco en seguida a los que quieren ir cómodos, y nada más, y a los que prefieren la incomodidad al lado de una chica.

Y cuando el asiento a mi lado está vacío, desde esa mirada por la ventanilla sé ya perfectamente cuáles son los indiferentes que se sientan en cualquier lado y cuáles los audaces° que dejan siete asientos libres para ir a buscar la inco- *bold* modidad a mi lado. Éstos son, por supuesto, los más interesantes. Contra la costumbre general de las chicas que viajan solas, en vez de levantarme y ofrecer el sitio interior libre, yo me corro° hacia la ventanilla, para dejar amplio lugar al inoportuno.   *I move over*

¡Amplio lugar!... Ésta es una simple expresión. Jamás los tres cuartos de asiento abandonados por una muchacha a su vecino son suficientes para él. Después de moverse y removerse a su gusto, le invade de pronto una inmovilidad extraordinaria. Esto es una simple apariencia; porque si una persona lo observa desconfiando de esa inmovilidad, nota que el cuerpo del señor se va deslizando° poco a poco hacia la   *sliding* ventanilla, donde está precisamente la chica que él no mira ni parece importarle absolutamente nada.

Así son: uno puede jurar que están pensando en la luna. Mientras tanto, el pie derecho (o el izquierdo) continúa deslizándose imperceptiblemente hacia el pie de la muchacha.

Confieso que en estos casos tampoco me aburro.° Con una   **tampoco... *I don't get*** simple mirada, al correrme hacia la ventanilla, sé si mi   ***bored either*** vecino es un buen muchacho o un seductor.

La táctica de éste no varía jamás. Primero la inmovilidad y el aire de pensar en la luna. Después, una breve ojeada° a   *quick glance* nuestra persona, que parece detenerse en la cara, pero cuyo fin exclusivo es apreciar la distancia que hay entre su pie y el nuestro. Obtenido el dato, comienza la conquista.

Creo que hay pocas cosas más divertidas que esta manio-   *maneuver* bra° de ustedes, cuando van alejando su pie en discretísimos   *of heel and point* avances de taco y de punta,° alternativamente. Ustedes, es claro, no se dan cuenta; pero este juego de ratón con zapatos cuarenta y cuatro, y allá arriba, cerca del techo, una cara de bobos, no tiene igual con nada de lo que hacen ustedes, en cuanto a ridiculez.

Dije también que yo no me aburría en estos casos. Mi diversión consiste en lo siguiente: desde el momento en que el seductor sabe con perfecta exactitud la distancia entre su pie y el mío, raramente vuelve a bajar los ojos. Está seguro de su cálculo, y no tiene para qué ponernos en guardia con nuevas ojeadas. La gracia para él está, por supuesto, en el contacto y no en la visión.

Pues bien: cuando el pie de mi vecino está a medio camino, yo comienzo la misma maniobra, con igual aire de estar pensando en la luna. Solamente que en dirección opuesta. No mucho, diez centímetros son suficientes.

Es notable, entonces, la sorpresa de mi vecino cuando al

llegar por fin al lugar exactamente localizado, no encuentra nada. Nada; su zapato cuarenta y cuatro está perfectamente solo. Es demasiado para él; echa una ojeada al piso, primero, y a mi cara luego. Yo estoy siempre con el pensamiento° a mil millas; pero el tipo se da cuenta.

thought

De diecisiete veces, quince, el señor no insiste más. En los dos casos restantes tengo que recurrir a una mirada de advertencia. A veces no es necesaria una mirada; basta con un movimiento de cabeza en su dirección: hacia él, pero sin mirarlo. El encuentro con la mirada de un hombre que puede estar real y profundamente interesado en nosotras, es cosa que conviene siempre evitar en estos casos.

Su segura servidora,°

Su... *Yours truly,*

M.R.

Señorita:

Muchas gracias por su amabilidad. Firmaré con mucho gusto sus impresiones, como usted lo desea. Tengo, sin embargo, mucho interés, y exclusivamente como coautor, en saber lo siguiente: Aparte de los diecisiete casos concretos que usted anota, ¿no ha sentido usted nunca el menor enternecimiento° por algún vecino alto o bajo, rubio o moreno, gordo o delgado? ¿No ha tenido jamás un vago sentimiento° de abandono? ¿No le ha sido difícil alguna vez alejar su pie? Es lo que deseo saber.

tenderness
feeling

H.Q.

Señor:

Sí, una vez, una sola vez en mi vida, sentí este enternecimiento por una persona. Esa persona era *usted*. Pero no supo aprovecharlo.

M.R.

Díganos...

1. ¿Qué pedido le hace la señorita al autor y por qué?
2. Describa usted a la señorita M. R.
3. Según la señorita, ¿qué hace la mayoría de los hombres antes de subir al tranvía?

4. ¿De qué diferentes tipos de hombre habla M.R.? ¿Cuáles son los más interesantes?
5. ¿Qué hace la mayoría de las señoritas que viajan solas? ¿Qué hace M.R.?
6. Describa usted las maniobras de los vecinos de asiento de la señorita.
7. ¿En qué consiste la diversión de M. R.?
8. ¿Qué hace el seductor en la mayoría de los casos al no encontrar el pie de la señorita?
9. ¿Qué le pregunta el autor a la señorita M. R.?
10. ¿Cuál fue la única persona por la que M. R. sintió algún enternecimiento?

VOCABULARIO

NOMBRES

el (la) **conductor(a)**   driver
la **chapa**   license plate
el **embotellamiento de tráfico**
    traffic jam
la **luna**   moon
el **odio**   hatred
el **pedazo**   piece
el **pedido**   request
el **peligro**   danger
el **ratón**   mouse
el **sabor**   flavor
el **semáforo**   traffic light
el **volante**   steering wheel

VERBOS

aparcar, estacionar   to park
aprovechar   to take advantage
arrancar   to start (*i.e., a car*)
atropellar   to run over
cruzar   to cross, to go across
dar marcha atrás   to back up
desconfiar   not to trust
evitar   to avoid
frenar   to brake
jurar   to swear

ADJETIVOS

estrecho(a), angosto(a)   narrow

Palabras y más palabras

Las palabras nuevas que aparecen en las dos selecciones... ¿forman ya parte de su vocabulario? ¡Vamos a ver!

Complete las siguientes oraciones, usando las palabras del vocabulario.

1. Al dar marcha atrás, el ____ del coche casi ____ a una señora.
2. El número de la ____ de mi coche es ZBT 523.
3. A las siete de la mañana es difícil conducir porque siempre hay ____.
4. El ratón comió un ____ de queso.
5. ¡Qué buen ____ tiene este café!
6. Las luces del ____ son roja, amarilla y verde.
7. La ____ es un satélite de la tierra.
8. El ____ es lo opuesto del amor.
9. El coche no ____. Debo llamar al mecánico.

10. Es muy difícil ____ en el centro de Nueva York.
11. Con la luz verde podemos ____ la calle.
12. Él no confía en nadie. ____ de todos.
13. Un sinónimo de *estrecho* es ____.
14. Cuando la luz está roja, debes ____ para evitar un accidente.
15. Es un ____ manejar borracho.

Desde el punto de vista literario

Comente usted...

1. ¿Cuál es el tema principal del artículo «El arrebato»?
2. ¿De qué modo nos hace la autora «participar» en la narración? Dé ejemplos.
3. ¿Qué clase de lenguaje usa la autora? Dé ejemplos.
4. ¿Por qué cree Ud. que la autora escribe este artículo con frases y oraciones muy cortas y sin ninguna separación de párrafos?
5. ¿Cree Ud. que hay ironía en el final del artículo? ¿Por qué?
6. ¿Qué estilo usa Horacio Quiroga al presentarnos su artículo en forma de cartas?
7. ¿Cree usted que «Tres cartas... y un pie» es un título apropiado para esta selección? ¿Por qué?
8. ¿Por qué cree Ud. que el autor presenta sus ideas a través del punto de vista de una mujer?
9. ¿Es sorpresivo el final del artículo? ¿Por qué?
10. ¿Cuál es el tono de los dos artículos? Dé ejemplos.

Composición

Imagínese que usted es Horacio Quiroga y responda a la última carta de M.R. Incluya lo siguiente.

1. Diga si recuerda o no el incidente.
2. Razones por las que no insistió al separar ella el pie.
3. Cómo actúa Ud. antes de subir a un tranvía.
4. Trate de hacer una cita para conocerla.

Concluya la carta dando las razones por las que desea conocerla mejor.

PENSAMIENTOS DE HOMBRES ILUSTRES

Sobre la civilización

Donde no hay justicia, misericordia[1] ni benevolencia no hay civilización.

Manuel González Prada (Perú: 1848–1918)

La multitud será un instrumento de barbarie o de civilización según carezca[2] o no del coeficiente de una alta dirección moral.

José Enrique Rodó (Uruguay: 1871–1917)

---

[1]mercy   [2]lacks

4

PABLO DE LA TORRIENTE BRAU *(Puerto Rico)(1901–1936)*

Aunque la obra narrativa de Pablo de la Torriente Brau tuvo un éxito desigual, se ve en ella los comienzos de un cuentista verdaderamente brillante. Sus escritos son ágiles, líricos a veces, y generalmente revelan un sano sentido humorístico.

Publicó once de sus narraciones en el libro *Batey*. En 1940 se publicó su novela titulada *Historia del soldado desconocido cubano*.

Último acto *(Adaptado)*

En el patio, entre las palmas, el hombre esperaba. La noche negra y silenciosa lo cubría todo. Su traje de *overall* azul obscuro lo convertía en sombra.° Sus brazos poderosos,° manchados por la grasa, casi no se veían. Estaba inmóvil. Esperaba. *shadow / powerful*

Aquél era su patio y aquélla era su casa, pero en la medianoche llena de frío él esperaba. Dentro del bolsillo,° su mano ruda de hombre de las máquinas estrujaba° el papel, encontrado sobre una mesa de la oficina hacía apenas una hora, cuando fue a hablar con el Ingeniero Jefe. Había visto una carta dirigida° a su mujer, abandonada sobre la mesa, la había cogido y ahora estaba detrás de la palma, a la hora de la cita trágica. El papel decía: «Esta noche está de guardia° en la casa de máquinas tu marido y a las doce iré a verte...» Era el Administrador quien lo afirmaba. Él sólo había tenido tiempo para correr a su casa y esconderse en el fondo del patio. Todavía estaba lleno de sorpresa, de rabia y de humillación. *pocket*
squeezed

addressed

on duty

Poco antes de las doce apareció el otro. Con cuidados infinitos saltó la cerca. Estuvo un rato escuchando los rumores de la noche, el estruendo de su corazón precipitado... (Desde detrás de la palma los ojos que lo espiaban llegaron a esta conclusión: «Es un cobarde...») Fue avanzando con cuidado y llegó hasta la misma palma... Es extraño, pero no percibió al enemigo, y sin embargo, sólo la palma los separaba.

Fue todo muy rápido, eléctrico. La mano del hombre de las máquinas apretó su garganta,° dejándole instantáneamente sin sentido. El hombre de las máquinas, rudo y violento, no tuvo la paciencia que se había propuesto y ahora estaba a su *throat* lado, contemplando su mano llena de sangre. Así estuvo un rato inmóvil, cuando pensó: «Si no pude hablar con él, voy a hablar con ella». Se dirigió° hacia la casa. Iba con la silenciosa e invisible velocidad de un gato negro. *went toward*

Cerca de la puerta, se detuvo. Un raro miedo lo paralizaba. Por un momento sintió la extraña emoción perturbadora° de que él era en realidad el amante,° que era a él a quien ella esperaba. *disturbing / lover*

Pero llegó a la puerta. Se puso a escuchar y no se oía nada. Hizo una suave presión° sobre la puerta, pensando: «¡Lo esperaba!...» y la rabia le hizo abrir la puerta de un golpe... *pressure*

Pero, antes de poder entrar, sintió el balazo° y la voz de ella que decía: «Canalla,° te lo dije...» *shot / scoundrel*

A su «¡Ah!» de dolor y de sorpresa siguió el silencio. Luego, cuando encendió la luz, él vio su cara llena de un dolor infinito. Estaba arrodillada a su lado y decía: «¿Por qué, por qué?...» sin comprender nada todavía... Pero su rostro° comenzaba a ser alegre, alegre, como la cara de un niño que mejora.° *face / improves*

Más que el disparo,° la angustia° de la voz le disipaba todas las sospechas.° Avergonzado y feliz le dio el papel, sin decir una palabra. Y ella lo vio y le gritó: «¿Pero lo leíste todo? ¿Viste lo mío, lo que le contesté?». Y, desdoblando° el papel le dijo: «Mira, mira»... *shot / anguish / suspicions / unfolding*

El hombre leyó el papel que decía, con la letra de ella: «Canalla, si se atreve a venir, lo mato.»

Y la cara del hombre se iba poniendo cada vez más pálida, pero cada vez era más alegre su sonrisa bajo el llanto inconsolable de la mujer arrodillada...

Díganos...

1. ¿Dónde esperaba el hombre?
2. ¿Qué tenía dentro del bolsillo?
3. ¿Qué fue a hacer a la oficina del Ingeniero Jefe?
4. ¿Qué es lo que vio encima de la mesa?
5. ¿Qué decía el papel?
6. ¿Qué le hizo el hombre al Ingeniero Jefe?
7. ¿Cómo caminaba el hombre hacia la casa?
8. ¿Qué es lo que siente cuando está en la puerta?
9. ¿De qué manera entra en la casa?
10. ¿Sabía la mujer que era su esposo el que entró en la casa?
11. ¿Qué le dice la mujer al arrodillarse a su lado?
12. ¿Qué le contestó la mujer al Ingeniero Jefe en la nota?

MARIANO JOSÉ DE LARRA *(España)* *(1809–1837)*

Mariano José de Larra fue un destacado periodista, crítico y escritor costumbrista del período romántico. Vivió toda su vida en Madrid, y escribió bajo varios seudónimos; el más conocido de ellos es el de «Fígaro». En sus artículos retrata la vida del Madrid de su época y critica las costumbres de los españoles. Su prosa es limpia y clara y al leerla tenemos la sensación de estar en contacto con la vida misma. Su estilo es satírico y mordaz.[1]

El castellano viejo *(Adaptado)*

Andaba días pasados por la calle buscando materiales para mis artículos, cuando sentí una horrible palmada° que una gran mano, pegada° a un grandísimo brazo, vino a descargar° sobre mi espalda.

   No queriendo dar a entender que desconocía este enérgico modo de anunciarse que me dejó torcido° para todo el día traté de volverme para saber quién era el que me trataba tan mal; pero mi castellano viejo siguió dándome pruebas de amistad y cariño,° cubriéndome los ojos con las manos y sujetándome por detrás. —¿Quién soy? —gritaba, alborozado.° —Un animal, iba a responderle; pero entonces me acordé de quién podría ser. —Eres Braulio —le dije. —Amigo, ¡cuánto me alegro de verte! ¿Sabes que mañana es el día de mi santo? —Felicidades, le digo. —Déjate de cumplimientos entre nosotros; ya sabes que yo soy franco y castellano viejo: al pan pan y al vino vino. Estás invitado a comer conmigo. —No es posible. —No hay remedio.° —No puedo, insisto. —Naturalmente... como no soy el duque de F. ni el conde° de P. ... —No es eso, sino que... —Pues si no es eso, me interrumpe, te espero a las dos; en casa nos gusta comer a la española, temprano. Tengo mucha gente. Vienen el famoso X., que va a improvisar unos versos, y T. va a cantar con su gracia natural.

   —Esto me consoló un poco y acepté, pensando que un día malo lo pasa cualquiera; en este mundo, para conservar amigos es necesario aceptar sus favores y agradecérselos.

slap

glued / unload

crooked

love

exhilarated

choice

count

---

[1]biting

—Tienes que venir, si quieres seguir siendo mi amigo. —Sí, iré, dije con voz débil y ánimo decaído.° *depressed*

Llegaron las dos del día siguiente, y como yo conocía bien a mi amigo Braulio no me pareció necesario vestirme muy elegante para ir a comer. Saqué mi frac° de color y me lo puse. *dress coat* Me vestí, sobre todo, lo más despacio que me fue posible.

No quiero hablar de las visitas ceremoniosas que antes de la hora de comer entraron y salieron en aquella casa; gente cuya conversación se reducía a comentar que el tiempo iba a cambiar y que en invierno generalmente hace más frío que en verano. A las cuatro, nos hallamos solos los invitados. Desgraciadamente para mí, ni X. ni T., que debían divertirnos tanto, aparecieron. ¡Cuántas esperanzas desvanecidas!° *vanished hopes*

Eran las cinco cuando nos sentamos a comer. —Señores, dijo Braulio, en mi casa no se usan cumplimientos. ¡Ah, Fígaro, tú no estás cómodo; estos señores, que saben que somos amigos íntimos, no se ofenderán si te prefiero; ¿por qué no te quitas el frac, así no te lo manchas? —No lo voy a manchar, respondí mordiéndome los labios. —No importa, te daré una chaqueta mía. —No hay necesidad. —¡Sí, sí, mi chaqueta! A ver... te queda un poco grande; y me quita él mismo el frac, y quedo sepultado° en una chaqueta enorme, *buried* por la cual sólo asoman° los pies y la cabeza, y cuyas mangas *show* probablemente no me van a permitir comer. Le di las gracias; ¡el hombre creía hacerme un favor!

Me sentaron entre un niño de cinco años y uno de esos hombres que ocupan en este mundo el espacio de tres. Interminables y de mal gusto fueron los cumplimientos con que para dar y recibir cada plato nos aburrimos unos a otros; —Sírvase usted. —Por favor. —Páselo usted a la señora. —Perdone usted... —Sin etiqueta,° señores, exclamó *without formalities* Braulio, y se sirvió él primero. Cruza por aquí la carne; por allá la verdura; acá los garbanzos; allá el jamón; el pollo por la derecha, por el medio el tocino; le siguió un plato de pavo, que Dios maldiga,° y a éste otro y otro y otro. *curse* *well done*

—¡Qué lastima! Este pavo no está bien cocinado,° decía la mujer. ¡Oh, está excelente, excelente! decíamos todos, dejándolo en el plato.

A todo esto, el niño de mi izquierda hacía saltar las aceitunas a un plato con tomate, y una vino a parar a uno de mis ojos, que no volvió a ver claro en todo el día; el señor gordo de mi derecha había tenido la precaución de ir dejando en el mantel, al lado de mi pan, los huesos° de las suyas. El *pits* invitado de enfrente se había encargado de hacer la autopsia de un pollo. De repente, el hombre hizo algo con el tenedor,

y el pollo, violentamente despedido,° pareció querer tomar *thrown, tossed*
vuelo, como en sus tiempos más felices. El susto fue general
y la alarma llegó a su colmo° cuando un tazón de caldo, im- *utmost*
pulsado por el animal furioso, saltó a inundar mi limpísima
camisa.

   ¿Hay más desgracias? ¡Santo cielo! Sí, las hay, para mí, infeliz... Doña Juana, la de los dientes negros y amarillos, me
ofrece de su plato y con su propio tenedor, un trozo de carne
que es necesario aceptar y tragar; el niño se divierte en despedir a los ojos de los invitados los huesos de las aceitunas;
mi gordo fuma sin cesar, convertido en° una chimenea; por *turned into*
fin, ¡oh última de las desgracias! las voces, roncas° por la con- *hoarse*
versación, piden versos, y no hay otro poeta que Fígaro.
—Tiene que decir algo, gritan todos. —Señores, ¡por Dios!
En mi vida° he improvisado. ¡Me marcharé! —¡Cierren la *never in my life*
puerta! —¡No sale usted de aquí sin decir algo! —Y recito
versos, por fin, y vomito disparates,° y los celebran, y crece la *nonsense*
bulla,° el humo y el infierno. *noise*

   A Dios gracias, logro° escaparme de aquel nuevo *Pan-* *I manage*
demonio. Por fin ya respiro el aire fresco de la calle; ya no hay
necios,° ya no hay castellanos viejos a mi alrededor. *fools*

   ¡Santo Dios, yo te doy gracias!, exclamo, respirando, como
el ciervo° que acaba de escaparse de una docena de perros, y *deer*
que oye ya apenas sus ladridos;° de aquí en adelante no te *barking*
pido dinero, no te pido glorias ni honores; líbrame° de estas *deliver me*
casas en que una invitación es un acontecimiento;° en que *event*
sólo se pone la mesa decente para los invitados; en que creen
hacer favores cuando dan mortificaciones; en que se dicen
versos; en que hay niños; en que hay gordos; en que reina, en
fin, la brutal franqueza de los castellanos viejos.

Díganos...

1. ¿Qué pasó un día cuando Larra iba caminando por la calle?
2. ¿Por qué invita Braulio a Fígaro y cómo reacciona éste ante la invitación?
3. ¿Qué otras personas van a asistir a la fiesta de Braulio, según él?
4. ¿Qué pasó antes de comer?
5. ¿Puede contarnos el episodio de la chaqueta de Braulio?
6. ¿Qué comieron los invitados y qué problemas hubo con la comida?
7. ¿Qué hacía el niño que estaba sentado al lado de Fígaro?
8. ¿Qué otras desgracias sucedieron durante la comida?
9. ¿Qué pasa cuando los invitados piden versos y Fígaro tiene que recitar?
10. ¿Cómo se siente Fígaro cuando sale de la casa y cuál es su «oración» [*prayer*]?

VOCABULARIO

NOMBRES

la **aceituna**   olive
la **amistad**   friendship
el (la) **cobarde**   coward
la **desgracia**   misfortune
el **gato**   cat
el **humo**   smoke
el (la) **invitado(a)**   guest
el **llanto**   crying, weeping
la **manga**   sleeve
la **prueba**   proof
la **rabia**   rage
la **sonrisa**   smile
el **susto**   fright
el **tocino**   bacon

VERBOS

agradecer   to thank
ahogar   to choke
coger   to pick, to grasp
comprender   to understand
encargarse de   to take charge of
esconder(se)   to hide

gritar   to shout
manchar   to stain
marcharse   to leave, to go away
morder (o > ue)   to bite
pegar   to beat, to hit
respirar   to breathe
sujetar   to hold
tragar   to swallow
volverse   to turn around

ADJETIVOS

avergonzado(a)   ashamed
extraño(a)   strange
manchado(a)   stained

OTRAS PALABRAS Y EXPRESIONES

al pan pan y al vino vino   the plain
   truth, call a spade a spade
con cuidado   carefully
de aquí en adelante   from now on
despacio   slowly
sin cesar   without stopping
sin sentido   unconscious

Palabras y más palabras

Las palabras nuevas que aparecen en las dos selecciones... ¿forman ya parte de su vocabulario? ¡Vamos a ver!

Complete las siguientes oraciones usando las palabras del vocabulario.

1. El invitado se sintió muy ____ cuando ____ la alfombra con el vino.
2. Siempre desayuno ____ con huevos antes de ____ para el trabajo.
3. ¡Todo lo haces muy rápido! De aquí en ____ debes trabajar más ____ y con más ____.
4. Oímos el ____ del niño cuando el ____ lo mordió en el brazo.
5. Me gustan las cosas claras: al pan ____.
6. Le pegó y lo dejó sin ____.
7. ¡Me ahogas! No puedo ____.
8. Debes quitarte la camisa. Tienes la manga ____ de grasa.
9. El revólver era la prueba del crimen. Por eso lo ____.
10. ¡Qué ____! Decían que Francisco era un ____ y ahora dicen que es un héroe.
11. Ellos no pueden ____ de ese trabajo porque no pueden hacerlo.
12. Está muy ocupado. Trabaja sin ____. Yo no ____ cómo tiene tiempo para todo.
13. Cuando sus amigos lo llamaron, Julio se ____ para mirarlos.

14. Donde hay ____ , hay fuego.
15. ¡Qué ____! Casi me caí, pero mi hermano me ____.
16. Es muy simpática. Siempre tiene una ____ en los labios.
17. Me duele la garganta. No puedo ____ nada.
18. Cuando vio a su enemigo, la ____ no lo dejó hablar.
19. No puedo ____ la sartén. Está muy caliente.
20. Somos amigos desde niños. Es una ____ muy larga.

Desde el punto de vista literario

Comente usted...

1. Estudiando con cuidado el uso de los adjetivos, diga cómo contribuyen éstos al ambiente del cuento «Último acto».
2. ¿Cómo logra el autor el suspenso en el cuento?
3. ¿Puede usted indicar dónde se encuentra el punto culminante del cuento? ¿Por qué?
4. ¿Usa el autor imágenes y metáforas para narrar su historia? ¿Cuáles son?
5. ¿Puede usted indicar en qué consiste la ironía del cuento?
6. ¿Desde qué punto de vista está contada la historia?
7. ¿Cree usted que la obra tiene un mensaje? ¿Cuál es?
8. ¿Cuál es el tono del artículo de Larra?
9. Dé ejemplos en los que el autor utiliza la exageración para darle énfasis al tema.
10. ¿Cuál es la crítica que presenta el autor de «El castellano viejo»?

Composición

Escriba una composición sobre el siguiente tema: *La pena capital.*

Plan de trabajo
1. Introducción

    Hágase Ud. las siguientes preguntas:
    a. ¿Puede justificarse el matar a alguien?
    b. ¿Tiene el estado el derecho de quitarle la vida a una persona?
    c. ¿No dice la Biblia que debemos perdonar?
    d. ¿Es verdad que la justicia es igual para todos?
    e. ¿Es la pena capital una manera de evitar [*prevent*] el crimen?

2. Desarrollo
    a. Trate de contestar las preguntas dadas, ofreciendo diferentes puntos de vista.
    b. Si no existe la pena capital, ¿qué otras alternativas hay?

3. Conclusión
    Analice todos los aspectos del problema y exprese su opinión personal. Por qué creo (no creo) en la pena capital.

PENSAMIENTOS DE HOMBRES ILUSTRES

Sobre la conciencia

Un pueblo sin conciencia es un pueblo muerto.

José Martínez Ruiz (España: 1873–1967)

Ninguna justicia puede prevalecer contra la primera libertad, ínsita[1] a la naturaleza humana, que es la de la conciencia.

Mariano Picón–Salas (Venezuela: 1901–1965)

---

[1]natural

5

GREGORIO LÓPEZ Y FUENTES *(México)* *(1897—   )*

Gregorio López y Fuentes nació en la región de Veracruz, donde su padre era agricultor. Fue aquí donde el escritor se familiarizó con los tipos campesinos que después aparecieron en sus novelas y en sus cuentos.

López y Fuentes ha escrito varias novelas sobre distintos aspectos de la vida mexicana. De ellas, las dos mejores son: *Tierra* (1932) sobre la vida de Emiliano Zapata y *El Indio* (1935) que es una especie de síntesis de la historia de México y con la cual el escritor ganó el premio nacional de literatura.

En su colección de cuentos titulada *Cuentos campesinos de México* (1940) el escritor recuerda episodios de su juventud. En ellos el autor muestra un gran interés por la psicología y las costumbres de los personajes que presenta.

Una carta a Dios *(Adaptado)*

La casa — única en todo el valle — estaba en uno de esos cerros truncados que, como pirámides rudimentarias, dejaron algunas tribus al marcharse. Desde allá se veían los campos, el río, y el maíz ya a punto de brotar.° Entre las matas de maíz, el frijol con su florecita morada, promesa inequívoca de una buena cosecha.

to come out

Lo único que necesitaba la tierra era una lluvia, por lo menos un fuerte aguacero, de esos que forman charcos° entre los surcos.° Dudar de que iba a llover era lo mismo que dejar de creer en la experiencia de quienes, por tradición, enseñaron a sembrar en determinado día del año.

puddles
furrows

Durante la mañana, Lencho no había hecho más que° examinar el cielo por el noreste.

no... / *had done nothing but...*

—Ahora sí que viene el agua, vieja.

Y la vieja, que preparaba la comida, le respondió:

—Dios lo quiera.

Los muchachos más grandes arrancaban las hierbas de entre la siembra, mientras que los más pequeños corrían cerca de la casa, hasta que la mujer les gritó a todos:

—Vengan a comer...

Fue en el curso de la comida cuando, como lo había asegurado Lencho, comenzaron a caer gruesas° gotas de lluvia. Por el noreste se veían avanzar grandes montañas de nubes. El aire olía a jarro° nuevo.

thick, big

earthen jug

40

—Hagan de cuenta, muchachos —exclamaba el hombre
mientras se mojaba con el pretexto de recoger algunas cosas,
—que no son gotas de agua las que están cayendo: son
monedas nuevas: las gotas grandes son de a diez y las gotas
chicas son de a cinco...[1]

Y miraba, satisfecho, el maíz a punto de brotar, adornado
con las hileras frondosas° del frijol, y entonces cubierto por la *leafy*
transparente cortina de la lluvia. Pero, de pronto, comenzó a
soplar° un fuerte viento y con las gotas de agua comenzaron a *to blow*
caer granizos tan grandes como bellotas.° Ésos sí que pare- *acorns*
cían monedas de plata nuevas. Los muchachos, exponién-
dose a la lluvia, corrían y recogían las perlas heladas de
mayor tamaño.

—Esto sí que está muy malo —exclamaba mortificado el
hombre—; ojalá que pase pronto...

No pasó pronto. Durante una hora, el granizo apedreó° la *stoned*
casa, la huerta,° el monte, el maíz y todo el valle. El campo *orchard*
estaba tan blanco que parecía una salina.° Los árboles, des- *salt marsh*
hojados. El maíz, hecho pedazos.° El frijol, sin una flor. Len- **hecho...** *torn to*
cho, con el alma llena de tribulaciones. Pasada la tormenta, *pieces*
en medio de los surcos, les decía a sus hijos:

—El granizo no ha dejado nada: ni una sola mata de maíz
dará una mazorca,° ni una mata de frijol dará una vaina°... *ear of corn / pod*

La noche fue de lamentaciones:

—¡Todo nuestro trabajo perdido!

—¡Y ni a quien pedir ayuda!

—Este año vamos a pasar hambre...

Pero muy en el fondo° espiritual de todos los que vivían en *depth*
aquella casa solitaria en mitad del valle, había una esperanza: la ayuda de Dios.

—No se preocupen tanto, aunque el mal es muy grande.
¡Recuerden que nadie se muere de hambre!

—Eso dicen: nadie se muere de hambre...

Y mientras llegaba el amanecer,° Lencho pensó mucho en *dawn*
lo que había visto en la iglesia del pueblo los domingos: un
triángulo y dentro del triángulo un ojo, un ojo que parecía
muy grande, un ojo que, según le habían explicado, lo mira
todo, hasta lo que está en el fondo de las conciencias.

Lencho era un hombre rudo° y él mismo decía siempre que *coarse*
el campo embrutece,° pero sin embargo sabía escribir. Ya *brutalizes*
con la luz del día y aprovechando la circunstancia de que era

[1] **Las gotas grandes...a cinco.** The large drops are ten-*centavo* coins and the small drops, five-*centavo* coins.

domingo, se puso a escribir una carta que él mismo llevaría al pueblo para echarla al correo.

Era nada menos que una carta a Dios.

«Dios —escribió—, si no me ayudas voy a pasar hambre con todos los míos, durante este año: necesito cien pesos para volver a sembrar y vivir mientras viene la otra cosecha, pues el granizo...»

Escribió en el sobre «A Dios», puso la carta en él, y aún preocupado, se fue para el pueblo. En la oficina de correos, le puso un timbre° a la carta y echó ésta en el buzón.   *stamp*

Un empleado, que era cartero y todo en la oficina de correos, llegó riendo ante su jefe: le mostraba nada menos que la carta dirigida a Dios. Nunca en su existencia de cartero había conocido ese domicilio. El jefe de la oficina — gordo y bonachón° —también se rió, pero bien pronto se le plegó el entrecejo° y, mientras daba golpecitos en su mesa con la carta, comentaba: *kind* / *se... he frowned*

—¡La fe!° ¡Quién tuviera° la fe de quien escribió esta carta! ¡Creer como él cree! ¡Esperar con la confianza con que él sabe esperar! ¡Escribirle a Dios!   *faith* / **quién...** *I wish I had*

Y, para no defraudar° aquel tesoro de fe, descubierto a través de una carta que no podía ser entregada, el jefe postal tuvo una idea: contestar la carta. Pero una vez abierta, vio que contestar necesitaba algo más que buena voluntad,° tinta° y papel. No por ello se dio por vencido: le exigió a su empleado una contribución, él puso parte de su sueldo y a varias personas les pidió dinero «para una buena obra».   *disappoint* / *will* / *ink*

Fue imposible para él reunir los cien pesos solicitados por Lencho, y se conformó con enviar al campesino por lo menos lo que había reunido: algo más de la mitad. Puso los billetes en un sobre dirigido a Lencho y con ellos un papel que no tenía más que una palabra, a manera de firma: DIOS.

Al siguiente domingo Lencho llegó a preguntar, más temprano que nunca, si había alguna carta para él. Fue el mismo cartero quien le entregó la carta mientras que el jefe, con la alegría de quien ha hecho una buena acción espiaba desde su despacho.

Lencho no mostró la menor sorpresa al ver los billetes — tanta era su seguridad — pero hizo un gesto de ira al contar el dinero... ¡Dios no podía haberse equivocado,° ni negar lo que se le había pedido!   **haberse...** *have made a mistake*

Inmediatamente, Lencho se acercó a la ventanilla para pedir papel y tinta. En la mesa destinada al público, empezó a escribir, con gran esfuerzo para darle forma legible a sus ideas. Al terminar, fue a pedir un timbre que mojó con la lengua y luego puso en el sobre.

En cuanto la carta cayó al buzón, el jefe de correos fue a buscarla. Decía:

«Dios: Del dinero que te pedí, sólo llegaron a mis manos sesenta pesos. Mándame el resto, que me hace mucha falta; pero no por correo, porque los empleados son muy ladrones. —Lencho».

Díganos...

1. ¿Cómo era el lugar donde estaba la casa de Lencho?
2. ¿Qué era lo que necesitaba la tierra?
3. ¿Qué estaban haciendo Lencho y su familia antes de ir a almorzar?
4. ¿Qué representaban las gotas de agua para Lencho?
5. Al principio, Lencho está muy contento con la lluvia, pero ¿qué pasa después?
6. ¿Cómo quedó el campo después del granizo?
7. ¿Cuál era la situación de Lencho y su familia y cuál era su única esperanza?
8. ¿A quién le escribió Lencho y qué le pidió?
9. ¿Qué hizo el jefe de correos después de leer la carta de Lencho?
10. ¿Qué le dice Lencho a Dios en su segunda carta?

REINALDO ARENAS   *(Cuba)(1943–   )*

Reinaldo Arenas está considerado una de las figuras más valiosas de la narrativa latinoamericana, y su obra novelesca ya ha sido traducida a ocho idiomas. Ha publicado las novelas *El mundo alucinante* (1969), *Celestino antes del alba* (1967) y *El palacio de las blanquísimas mofetas* (1980).

Arenas es un prosista de primer orden, de gran capacidad poética, que lleva al lector de lo real a lo fantástico incesantemente.

A continuación publicamos su cuento «Con los ojos cerrados», de la colección *Termina el desfile*.

Con los ojos cerrados *(Adaptado)*

A usted sí se lo voy a decir, porque sé que si se lo cuento a usted no se va a reír ni me va a regañar.° Pero a mi madre no. A mamá no le voy a decir nada, porque si lo hago me va a regañar. Y, aunque es casi seguro que ella probablemente tiene la razón, no quiero oír ningún consejo.

 scold

Por eso. Porque sé que usted no me va a decir nada, se lo digo todo, pero no se lo cuente a mamá.

Ya que solamente tengo ocho años voy todos los días a la escuela. Y aquí empieza la tragedia, pues debo levantarme bien temprano — cuando el gallo que me regaló la tía Ángela sólo ha cantado dos veces — porque la escuela está bastante lejos.

A eso de las seis de la mañana empieza mamá a pelearme° y decirme que me tengo que levantar y ya a las siete estoy sentado en la cama y estrujándome° los ojos. Entonces todo lo tengo que hacer corriendo: ponerme la ropa corriendo, llegar corriendo hasta la escuela y entrar corriendo en la fila° pues ya han tocado el timbre y la maestra está parada en la puerta.

 to nag

 rubbing

 line

Pero ayer fue diferente ya que la tía Ángela debía irse para Oriente y tenía que coger el tren antes de las siete. Y se formó un alboroto° enorme en la casa. Todos los vecinos vinieron a despedirla, y mamá se puso tan nerviosa que se le cayó la olla° con el agua hirviendo en el piso cuando iba a pasar el

 confused noise

 pot

44

agua por el colador para hacer el café y se quemó un pie.

Con aquel escándalo tuve que despertarme. Y, ya que estaba despierto, me decidí a levantarme.

La tía Ángela, después de muchos besos y abrazos, pudo marcharse. Y yo salí en seguida para la escuela, aunque todavía era bastante temprano.

Hoy no tengo que ir corriendo, me dije. Y empecé a andar bastante despacio por cierto. Y cuando fui a cruzar la calle me tropecé° con un gato que estaba acostado en la acera. Buen *I tripped* lugar escogiste para dormir —le dije—, y lo toqué con el pie. Pero no se movió. Entonces me arrodillé junto a él y pude ver que estaba muerto. El pobre, pensé; seguramente lo arrolló alguna máquina,[1] y alguien lo tiró en ese rincón. Qué lástima, porque era un gato grande y de color amarillo que seguramente no tenía ningún deseo de morirse. Pero bueno: ya nada se puede hacer. Y seguí andando.

Como todavía era temprano me llegué hasta la dulcería, porque aunque está lejos de la escuela, hay siempre dulces frescos y sabrosos. En esta dulcería hay también dos viejitas paradas en la entrada, con una jaba° cada una, y las manos ex- *bag* tendidas,° pidiendo limosnas°... Un día yo le di un medio[2] a *outstretched / alms* cada una, y las dos me dijeron al mismo tiempo: «Dios te haga un santo.» Eso me hizo reír y volví a poner otros dos medios en aquellas manos tan arrugadas. Y ellas volvieron a repetir: «Dios te haga un santo.» Y desde entonces, cada vez que paso por allí, me miran con sus caras de pasas° y no me *raisins* queda más remedio° que darles un medio a cada una. Pero **no me... *I have no*** ayer no podía darles nada, ya que hasta la peseta[3] de la ***choice*** merienda la gasté en tortas de chocolate. Y por eso salí por la puerta de atrás, y así las viejitas no me vieron.

Ahora sólo tenía que cruzar el puente, caminar dos cuadras y llegar a la escuela.

En ese puente me paré un momento porque sentí un enorme alboroto allá abajo, en la orilla° del río. Cuando *edge* miré, vi que un grupo de muchachos de todo tamaño tenía atrapada una rata de agua en un rincón y le gritaban y le tiraban piedras. La rata corría de un extremo a otro del rincón pero no se podía escapar y chillaba desesperadamente. Por fin, uno de los muchachos cogió un pedazo de bambú y golpeó a la rata hasta matarla. Entonces todos los demás corrieron hasta donde estaba el animal y tomándolo, entre sal-

---

[1]car (*Cuba*)   [2]five cents (*Cuba*)   [3]twenty cents (*Cuba*)

tos y gritos de triunfo, la tiraron hasta el centro del río. La rata muerta siguió flotando hasta perderse en la corriente.

Los muchachos se fueron con el alboroto hasta otro rincón del río. Y yo también empecé a andar.

Caramba —me dije—, qué facil es caminar sobre el puente. Se puede hacer hasta con los ojos cerrados, pues a un lado tenemos las rejas° que no lo dejan a uno caer al agua, y del otro, la acera.° Y para comprobarlo° cerré los ojos y seguí caminando. Y no se lo diga usted a mi madre, pero con los ojos cerrados uno ve muchas cosas, y hasta mejor que si los tiene abiertos... Lo primero que vi fue una gran nube amarilla que brillaba unas veces más fuerte que otras, igual que el sol cuando se va cayendo entre los árboles. Entonces apreté los párpados bien duros° y la nube roja se volvió de color azul. Pero no solamente azul, sino verde. Verde y morada. Morada brillante como un arco iris.°

Y, con los ojos cerrados, empecé a pensar en las calles y en las cosas mientras caminaba. Y vi a mi tía Ángela saliendo de la casa. Pero no con el vestido rojo que siempre se pone cuando va para Oriente, sino con un vestido largo y blanco. Y es tan alta que parecía un palo de teléfono envuelto en una sábana. Pero estaba muy bonita.

Y seguí andando. Y me tropecé de nuevo con el gato en la acera. Pero esta vez, cuando lo toqué con el pie, dio un salto y salió corriendo. Salió corriendo el gato amarillo y brillante porque estaba vivo y se asustó° cuando lo desperté. Y yo me reí muchísimo cuando lo vi desaparecer.

Seguí caminando, con los ojos desde luego bien cerrados. Y así fue como llegué hasta la dulcería. Pero como no podía comprarme ningún dulce pues ya había gastado hasta la última peseta de la merienda, me contenté con mirarlos a través de la vidriera. Y estaba así, mirándolos, cuando oigo dos voces detrás del mostrador que me dicen: «¿No quieres comer algún dulce?» Y cuando levanté la cabeza vi que las dependientes eran las dos viejitas que siempre estaban pidiendo limosnas a la entrada de la dulcería. No supe qué decir. Pero ellas parece que adivinaron mis deseos y sacaron una torta grande y casi colorada hecha de chocolate y de almendras.° Y me la pusieron en las manos.

Y yo me volví loco de alegría con aquella torta tan grande, y salí a la calle.

Cuando iba por el puente con la torta entre las manos, oí otra vez el escándalo de los muchachos. Y (con los ojos ce-

iron grates

sidewalk / to verify it

apreté... *I shut my eyes tight*

rainbow

he was frightened

almonds

rrados) los vi allá abajo, nadando rápidamente hasta el centro del río para salvar una rata de agua, pues la pobre parece que estaba enferma y no podía nadar.

Los muchachos sacaron la rata del agua y la depositaron sobre una piedra para que se secara al sol. Entonces fui a llamarlos para invitarlos a comer todos juntos la torta de chocolate, pues yo solo no iba a poder comer aquella torta tan grande.

De veras que los iba a llamar. Levanté las manos con la torta encima para mostrársela y todos vinieron corriendo. Pero entonces, «puch», me pasó el camión casi por arriba° en medio de la calle que era donde, sin darme cuenta, me había parado.

me... *ran over me*

Y aquí me ve usted: con las piernas blancas por el esparadrapo y el yeso. Tan blancas como las paredes de este cuarto, donde sólo entran mujeres vestidas de blanco para darme un pinchazo° o una pastilla también blanca.

shot

Y no crea que lo que le he contado es mentira. No piense que porque tengo un poco de fiebre y a cada rato me quejo del dolor en las piernas, estoy diciendo mentiras, porque no es así. Y si usted quiere comprobar si fue verdad, vaya al puente, que seguramente debe estar todavía, en el medio de la calle, sobre el asfalto, la torta grande y casi colorada, hecha de chocolate y almendras, que me regalaron las dos viejitas de la dulcería.

Díganos...

1. ¿Qué debe hacer el niño todas las mañanas?
2. ¿Qué fue lo que interrumpió la rutina del niño?
3. ¿Qué encontró el niño cuando iba camino de la escuela?
4. ¿Qué sabe Ud. sobre las dos viejitas que están siempre a la entrada de la dulcería?
5. ¿Qué vio el niño desde el puente?
6. ¿Qué es lo primero que vio el niño cuando cerró los ojos?
7. ¿Qué pasó la segunda vez que el niño vio al gato?
8. ¿Por qué estaba muy contento el niño cuando salió de la dulcería?
9. Cuando el niño tenía los ojos cerrados, ¿qué hicieron los muchachos con la rata?
10. ¿Qué le pasó al niño cuando estaba parado en el medio de la calle?
11. ¿Dónde está el niño ahora?
12. Según el niño, ¿cómo podemos comprobar que él no está mintiendo?

VOCABULARIO

NOMBRES

el **aguacero**   heavy shower
el **buzón**   mail box
el **cerro**   hill
el **colador**   strainer
la **cosecha**   harvest
la **dulcería**, la **pastelería**   bakery
el **esparadrapo**   adhesive tape
la **esperanza**   hope
el **granizo**   hail
la **mata**   plant
la **moneda**   coin
la **pastilla**   pill
el **puente**   bridge
el **sobre**   envelope
la **tormenta**   storm
el **yeso**   cast

VERBOS

adivinar   to guess
arrollar, atropellar   to run over
coger   to catch, to pick up
despedir (e > i)   to say good-bye, to see (*someone*) off
mojarse   to get wet
negar (e > ie)   to refuse
sembrar (e > ie)   to sow

ADJETIVOS

deshojado(a)   stripped of its leaves
fuerte   strong

OTRAS PALABRAS Y EXPRESIONES

a punto de   about to
agua hirviendo   boiling water
arrancar las hierbas   to pull out weeds
darse por vencido   to give up
hacer de cuenta   to pretend
la puerta de atrás   back door
pasar hambre   to go hungry

Palabras y más palabras

Las palabras nuevas que aparecen en las dos selecciones... ¿forman ya parte de su vocabulario? ¡Vamos a ver!

Dé las palabras equivalentes a lo siguiente:

1. elevación más pequeña que una montaña
2. planta
3. lluvia muy fuerte
4. lo que usamos para colar
5. pastelería
6. decir adiós
7. dinero en metal
8. opuesto de *secarse*
9. píldora
10. no comer por mucho tiempo
11. plantar
12. agua a más de 100 grados centígrados
13. atropellar
14. el producto de las siembras
15. agarrar
16. papel doblado que contiene cartas, etc.

17. sin hojas
18. lo que se usa para enyesar
19. cinta adhesiva
20. estructura construida sobre un río, carretera, etc.
21. pequeños pedazos de hielo que a veces caen durante una tormenta
22. una de las tres virtudes teologales
23. renunciar a seguir luchando
24. listo para
25. quitar las yerbas
26. depósito para cartas

Desde el punto de vista literario

Comente usted...

1. En el cuento «Una carta a Dios», ¿qué simboliza la lluvia al principio del cuento y qué simboliza después del granizo?
2. Señale algunas de las imágenes que usa Gregorio López y Fuentes para ambientar el cuento.
3. ¿Cómo es el lenguaje de «Una carta a Dios»?
4. ¿Cuál es el personaje central de «Una carta a Dios»?
5. En el cuento de López y Fuentes hay dos situaciones irónicas: ¿cuáles son?
6. ¿Desde qué punto de vista está contado el cuento «Con los ojos cerrados»?
7. Dé Ud. ejemplos de cómo Reinaldo Arenas usa los colores.
8. ¿Qué imágenes usa el autor para hacernos saber que el niño está en el hospital?
9. ¿Qué importancia tiene el título del cuento en relación con el tema?
10. ¿Qué diferencias hay entre la realidad y lo que el niño «ve» con los ojos cerrados?

Composición

Imagine que, al igual que el niño del cuento de Arenas, Ud. cierra los ojos para «ver», no la realidad sino lo que Ud. desea ver y escriba una composición diciéndonos qué cosas cambiaría Ud. Para ello, siga los siguientes pasos:

1. Describa la realidad:
   a. en relación con su familia y amigos
   b. en relación con sus estudios o su trabajo
   c. en relación con algunos problemas sociales
2. Describa lo que Ud. «ve» con los ojos cerrados.
3. Para concluir, diga lo que Ud. puede hacer para lograr los cambios que Ud. desea.

PENSAMIENTOS DE HOMBRES ILUSTRES

Sobre la nobleza

La nobleza se define por la exigencia, por las obligaciones, no por los derechos.

José Ortega y Gasset (España: 1883–1955)

Para mí, nobleza es sinónimo de vida esforzada, puesta siempre a superarse a sí misma[1]...

José Ortega y Gasset

---

[1]itself

6

EL MARQUÉS DE SANTILLANA   *(España)(1398–1458)*

Íñigo López de Mendoza, marqués de Santillana, es una de las figuras más destacadas y representativas de la transición entre la época medieval y la renacentista. En 1449 escribió el primer ensayo de historia literaria en lenguas romances. Es también el autor de la primera colección de proverbios en lengua vulgar. Su obra presenta gran variedad de temas y estilos: moralizantes, alegóricos, amorosos y religiosos. Su mejor poesía es la de las serranillas, villancicos, cantares y decires, de gran frescura y belleza. En las serranillas, el poeta narra su encuentro con bellas serranas durante sus viajes.

Serranilla VI

«LA VAQUERA DE LA FINOJOSA»

Moza° tan hermosa	*girl*
no vi en la frontera	
como una vaquera°	*cowgirl*
de la Finojosa.	

. . .

En un verde prado°	*meadow*
de rosas y flores,	
guardando ganado	
con otros pastores,°	*shepherds*
la vi tan graciosa	
que apenas creyera°	*I couldn't believe*
que fuese vaquera	
de la Finojosa.	

. . .

Bien como riendo,	
dijo: «Bienvenido,	
que ya bien entiendo	
lo que demandáis;°	*want*
no está deseosa	
de amar, ni lo espera,	
esta vaquera	
de la Finojosa.»	

Conteste usted las siguientes preguntas, basándose en el poema.

1. ¿Cómo es la vaquera de la Finojosa y dónde está?
2. ¿Qué está haciendo? ¿Está sola?
3. ¿Qué le contesta la vaquera al poeta?

GUSTAVO ADOLFO BÉCQUER   *(España)(1836–1870)*

Las rimas y las leyendas son lo más conocido de la obra de Bécquer. En sus *Rimas* — poemas sencillos y breves — vemos una poesía desnuda de artificios, de máxima condensación lírica. Los temas que reaparecen en su obra son tres: el amor, la soledad y el misterio, no solamente del destino humano sino de la poesía.

XI

—Yo soy ardiente, yo soy morena,
yo soy el símbolo de la pasión;
de ansia de goces° mi alma está llena;   *enjoyment*
¿a mí me buscas? —No es a ti, no.

Mi frente es pálida; mis trenzas° de oro;   *braids*
puedo brindarte dichas sin fin;
yo de ternura° guardo un tesoro;   *tenderness*
¿a mí me llamas? —No, no es a ti.

—Yo soy un sueño, un imposible,
vano fantasma° de niebla y luz;   *ghost*
soy incorpórea, soy intangible;
no puedo amarte. —¡Oh, ven; ven tú!

XVII

Hoy la tierra y los cielos me sonríen;
hoy llega al fondo de mi alma el sol;
hoy la he visto, la he visto y me ha mirado...
¡Hoy creo en Dios!

Conteste usted las siguientes preguntas, basándose en los poemas.

XI:

1. ¿Cómo describe el poeta a la primera mujer y qué simboliza ella?
2. ¿Cómo es la segunda mujer y qué puede brindarle al poeta?
3. ¿Por qué prefiere el poeta a la tercera mujer?

XVII:

¿Puede usted decir cómo se siente el poeta y por qué?

JOSÉ MARTÍ   *(Cuba)* *(1853–1895)*

José Martí dedicó su vida y su obra a la independencia de Cuba, donde murió en el campo de batalla en 1895. Es famoso no sólo como poeta y ensayista sino también como orador.

Martí es el creador de la prosa artística, que se caracteriza por la melodía, el ritmo y el uso de frases cortas, con las que expresa ideas muy profundas. Sus temas principales son la libertad, la justicia, la independencia de su patria y la defensa de los pobres, de los humildes y de los oprimidos.

Entre sus obras poéticas figuran *Ismaelillo, Versos sencillos, Versos libres* y *Flores del destierro.*

De *Versos sencillos*[1]

Yo soy un hombre sincero
de donde crece la palma;
y antes de morirme quiero
echar° mis versos del alma.   *to pour out*

Mi verso es de un verde claro,
y de un carmín encendido°   *bright red*
mi verso es un ciervo herido°   *wounded deer*
que busca en el monte amparo.

Con los pobres de la tierra,
quiero yo mi suerte echar;°   *share my destiny*
el arroyo de la sierra
me complace más que el mar.

Conteste usted las siguientes preguntas, basándose en los poemas.

1. ¿Cómo se describe el poeta en el primer poema?
2. ¿Qué nos dice Martí sobre sus versos?
3. Leyendo estos poemas, ¿qué sabemos sobre la personalidad del poeta?

ANTONIO MACHADO   *(España)* *(1875–1939)*

La poesía del sevillano Antonio Machado es de profunda espiritualidad. Su obra poética, que no es muy extensa, se concentra en ciertos temas esenciales: los recuerdos de su juventud, el amor, los paisajes de Castilla, Andalucía, España, y, sobre todo, el tiempo, la muerte y Dios. Sus obras más importantes son *Soledades; Soledades, galerías y otros poemas; Campos de Castilla* y *Nuevas canciones.*

---

[1]Los poemas que presentamos aquí son la letra de «Guantanamera».

XXIII

Caminante,° son tus huellas°   *traveller / tracks*
el camino, y nada más;
caminante, no hay camino,
se hace camino al andar.
Al andar se hace camino,
y al volver la vista atrás°   *looking back*
se ve la senda° que nunca   *path*
se ha de volver a pisar.
Caminante, no hay camino,
sino estelas° en la mar.   *wake of a ship*

(De *Proverbios y cantares*)

Conteste usted las siguientes preguntas, basándose en el poema.

1. ¿Qué representa el caminante?
2. ¿Qué representa el camino?
3. ¿A qué se refiere Antonio Machado cuando habla de la «senda que nunca se ha de volver a pisar»?

FEDERICO GARCÍA LORCA *(España) (1898–1936)*

Federico García Lorca es uno de los poetas más conocidos mundialmente. Su poesía combina lo popular con lo artístico, lo intelectual con lo intuitivo, y lo tradicional con lo moderno. Crea así una poesía que es a la vez profundamente española y universal. Además de poeta, Lorca fue un gran dramaturgo, y tanto en su poesía como en su obra teatral el tema central es el amor violento y aspasionado que conduce a la muerte. Entre sus obras teatrales más famosas figuran *Bodas de sangre, Yerma* y *La casa de Bernarda Alba*.

Canción de jinete°   *rider*

Córdoba.
Lejana° y sola.   *far away*

Jaca° negra, luna grande,   *nag*
y aceitunas en mi alforja.°   *saddlebag*
Aunque sepa los caminos
yo nunca llegaré a Córdoba.

Por el llano,° por el viento,   *plain*
jaca negra, luna roja.
La muerte me está mirando
desde la torres° de Córdoba.   *towers*

¡Ay qué camino tan largo!
¡Ay mi jaca valerosa!°   *brave*
¡Ay que la muerte me espera,
antes de llegar a Córdoba!

Córdoba.
Lejana y sola.

                    (De *Canciones*)

Conteste usted las siguientes preguntas, basándose en el poema.

  1. ¿A dónde va el jinete?
  2. ¿Cómo describe Lorca el ambiente?
  3. ¿Por qué dice que nunca llegará a Córdoba?

ALFONSINA STORNI   *(Argentina)* *(1892–1938)*

La poesía de Alfonsina Storni es a veces torturada, intelectual, de ritmos duros. De todos sus libros — *El dulce daño, Ocre, El mundo de siete pozos* y *Mascarilla y trébol* — este último es el mejor.

Cuadrados y ángulos

Casas enfiladas,° casas enfiladas,   *in a line*
casas enfiladas,
cuadrados, cuadrados, cuadrados,
casas enfiladas.
Las gentes ya tienen el alma cuadrada,
ideas en fila°   *in a row*
y ángulo en la espalda;
yo misma he vertido° ayer una lágrima,   *have shed*
Dios mío, cuadrada.

                    (De *El dulce daño*)

Conteste usted las siguientes preguntas, basándose en el poema.

  1. Según la poetisa, ¿cómo es el alma de la gente?
  2. ¿Cómo ve el mundo la poetisa?
  3. ¿Qué crítica hace Alfonsina Storni en su poema?

BLAS DE OTERO   *(España)* *(1916–   )*

Blas de Otero nació en la ciudad de Bilbao en 1916. En su primer libro, *Angel fieramente humano,* y en el segundo, *Redoble de conciencia,* vemos dos grandes temas tradicionales:

el amor y la muerte. El poeta escribe para la mayoría, para el hombre de la calle, para el que pide, más que nada, la paz.[1]

Pato

Quién fuera° pato   *I wish I were. . .*
para nadar, nadar por todo el mundo.
Pato para viajar sin pasaporte
y repasar, pasar, pasar fronteras
como quien pasa el rato.
Pato.
Patito vagabundo.
Plata del norte.
Oro del sur. Patito danzaderas.°   *dancing*
Permitidme, Dios mío, que sea pato.
¿Para qué tanto lío,
tanto papel,
ni tanta pamplina?°   *nonsense*
Pato.
Mira, como aquél
que va por el río
tocando la bocina°...   *honking*

                   (De *En castellano*)

Conteste usted las siguientes preguntas, basándose en el poema.

1. ¿Por qué quiere Blas de Otero ser pato?
2. ¿Qué critica Blas de Otero en el poema?

VOCABULARIO

NOMBRES		VERBOS	
el **amparo**	protection, shelter	**aguardar**	to wait (for)
el **arroyo**	brook	**amar**	to love
el **fondo**	depth	**brindar**	to offer
la **frontera**	border	**complacer**	to please
el **ganado**	cattle	**crecer**	to grow
la **lágrima**	tear	**pisar**	to step, to walk on
el **lío**	problem		
el **pato**	duck		
el **sueño**	dream		
el **tesoro**	treasure	ADJETIVOS	
la **tumba**	tomb, grave	**bienvenido(a)**	welcome

---

[1]peace

Palabras y más palabras

Las palabras nuevas que aparecen en los poemas... ¿forman ya parte de su vocabulario? ¡Vamos a ver!

Dé las palabras equivalentes a lo siguiente.

1. límite entre dos países
2. esperar
3. ofrecer
4. río pequeño
5. querer
6. lugar donde se pone a los muertos
7. refugio, protección
8. problema
9. riqueza acumulada
10. profundidad
11. saludo que se usa al recibir a una persona
12. lo que sale de los ojos cuando se llora
13. lo que soñamos
14. aumentar de tamaño
15. grupo de animales (caballos, por ejemplo)
16. animal palmípedo
17. poner el pie en el suelo
18. hacer algo para satisfacer a alguien

Desde el punto de vista literario

Comente usted...

1. ¿Qué elementos de la naturaleza usa el poeta de «La vaquera de la Finojosa» para ambientar el poema?
2. ¿Qué metáforas usa Martí para describir su poesía?
3. ¿Utiliza Martí el verso libre o sigue una rima específica?
4. ¿Cuál es el estribillo de «Canción de jinete» y qué logra el poeta al usarlo?
5. ¿Cómo usa Lorca el ambiente para dar énfasis al tema de su poema? Dé ejemplos.
6. ¿Qué símbolos usa Lorca para representar a la muerte?

Basándose en los diferentes poemas presentados en la lectura, haga los siguientes ejercicios.[1]

---

[1]Antes de hacer este ejercicio repase los términos literarios que aparecen en el Apéndice literario.

A. Busque usted en los poemas ejemplos de:

1. aliteración   4. personificación   7. versos amétricos
2. asonancia   5. consonancia   8. versos métricos
3. encabalgamiento   6. ritmo   9. estrofa

B. Clasifique los siguientes versos de acuerdo con su medida:

1. que ya bien entiendo
2. y ángulo en la espalda
3. caminante, no hay camino

C. En los siguientes versos, marque los ejemplos de sinalefa:

1. se hace camino al andar
2. de ansias de goces mi alma está llena.

D. Señale el tema (o los temas) de cada uno de los poemas.

Actividad especial

Escoja Ud. el poema que más le guste y apréndalo de memoria para recitarlo.

PENSAMIENTOS DE HOMBRES ILUSTRES

Sobre la belleza

La belleza, como no tiene reglas ni modelos prescritos, carece de definición.

Juan Montalvo (Ecuador: 1832–1889)

Con la belleza hay que vivir — y morir — a solas.

Juan Ramón Jiménez (España: 1881–1958)

7

RUBÉN DARÍO   *(Nicaragua)* *(1867–1916)*

Rubén Darío es considerado por muchos críticos como el iniciador del movimiento modernista con su libro *Azul*, que publicó en 1888. Este libro tiene una mezcla de prosa y verso, y en él ya se ve claramente la influencia de la poesía francesa.

En 1896 escribió *Prosas profanas*, el primer libro realmente importante del Modernismo. Esta obra tiene una fuerte influencia de los parnasianos y simbolistas franceses. En 1905 publicó *Cantos de vida y esperanza*, donde reflexiona sobre el arte, el placer, el amor, el tiempo, la vida y la muerte.

Insistió en las innovaciones métricas, musicalidad y giros elegantes, pero sus poemas más logrados son aquéllos que tienen como tema el sentido de la vida y la desesperación del hombre.

Lo fatal

Dichoso el árbol que es apenas sensitivo,
y más la piedra dura, porque ésta ya no siente,
pues no hay dolor más grande que el dolor de ser vivo,
ni mayor pesadumbre° que la vida consciente.   *grief*

Ser, y no saber nada, y ser sin rumbo cierto,°   *sin... without knowing*
y el temor de haber sido y un futuro terror...   *where one is going*
Y el espanto° seguro de estar mañana muerto,   *terror*
y sufrir por la vida y por la sombra y por

lo que no conocemos y apenas sospechamos.
Y la carne° que tienta° con sus frescos racimos,°   *flesh / tempts /*
y la tumba que aguarda con sus fúnebres ramos,°   *bunches*
                                                          wreaths
¡y no saber a dónde vamos,
ni de dónde venimos...!

                    (De *Cantos de vida y esperanza*)

Conteste Ud. las siguientes preguntas, basándose en el poema.

1. ¿Qué envidia Darío?
2. Según Rubén Darío, ¿cuál es el dolor más grande y cuál la mayor pesadumbre?
3. ¿Por qué sufre Darío?
4. ¿A qué se refiere Rubén Darío cuando habla de «la carne que tienta con sus frescos racimos»?

AMADO NERVO *(México) (1870–1919)*

Amado Nervo fue uno de los poetas más conocidos de su tiempo. Dejó una enorme obra poética, donde constantemente aparecen los siguientes temas: la religión, lo filosófico y el amor.

Entre estos temas, es el amor el que aparece más frecuentemente. Su poesía presenta un amor puro y casto, porque su pasión es mucho más espiritual que carnal. Entre sus mejores libros de poemas están *Serenidad, La amada inmóvil* y *El arquero divino*.

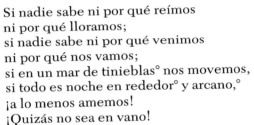

¡Amemos!

Si nadie sabe ni por qué reímos
ni por qué lloramos;
si nadie sabe ni por qué venimos
ni por qué nos vamos;
si en un mar de tinieblas° nos movemos,   *darkness*
si todo es noche en rededor° y arcano,°   *around / secret*
¡a lo menos amemos!
¡Quizás no sea en vano!

(De *Serenidad*)

Conteste Ud. las siguientes preguntas, basándose en el poema.

1. Según el poeta, ¿cuál es la situación del hombre en este mundo?
2. ¿Cómo describe el mundo?
3. ¿Ofrece el autor una posible solución? ¿Cuál?

JOSÉ SANTOS CHOCANO *(Perú) (1875–1934)*

La mayor ambición de este poeta peruano fue la de ser considerado «el cantor de América». El mundo americano es, pues, el tema central de su poesía. Entre sus obras principales figuran *Cantos del Pacífico, Fiat Lux* y *Oro de Indias*. El poema que ofrecemos a continuación es de tono más bien meditativo, y es uno de los mejores del autor.

Nostalgia

Hace ya diez años
que recorro el mundo.
¡He vivido poco!
¡Me he cansado mucho!

Quien vive de prisa no vive de veras:
quien no echa raíces no puede dar frutos.
Ser río que corre, ser nube que pasa,
sin dejar recuerdo ni rastro° ninguno,   *track*
es triste; y más triste para quien se siente
nube en lo elevado, río en lo profundo.

• • •

    Estoy en la orilla
  de un sendero abrupto.
Miro la serpiente de la carretera
que en cada montaña da vueltas a un nudo;°   *knot*
y entonces comprendo que el camino es largo,
    que el terreno es brusco,
    que la cuesta es ardua,°   *difficult*
    que el paisaje es mustio°...   *parched*
¡Señor! ya me canso de viajar, ya siento
nostalgia, ya ansío° descansar muy junto   *long*
de los míos... Todos rodearán mi asiento
para que les diga mis penas° y triunfos;   *grief*
y yo, a la manera del que recorriera
un álbum de cromos, contaré con gusto
las mil y una noches de mis aventuras
y acabaré con esta frase de infortunio.°   *misfortune*
    —¡He vivido poco!
    ¡Me he cansado mucho!

(De Fiat Lux)

Conteste Ud. las siguientes preguntas, basándose en el poema.

1. ¿Por qué dice el poeta que «quien vive de prisa no vive de veras»?
2. Al contemplar la vida, ¿qué descubre el poeta?
3. ¿Qué imagina el poeta que ocurrirá cuando esté con los suyos?
4. ¿Cómo terminará el poeta la narración de sus aventuras?

JUAN RAMÓN JIMÉNEZ   *(España)(1881–1958)*

Juan Ramón Jiménez nació en Moguer. Su poesía, al evolucionar, pasa de lo subjetivo senti-
mental a lo objetivo y finalmente a lo filosófico metafísico, en su búsqueda de la «poesía
pura». Su mayor preocupación es la estética. Su obra es muy numerosa y el poeta trata constantemente de depurarla. Merecen citarse *Poesías escojidas,*[1] *Segunda antolojía poética,*

---

[1]Juan Ramón Jiménez usaba la **j** en vez de la **g**.

Canción y *Tercera antolojía*. Una de sus obras más logradas es un libro de prosa poética titulado *Platero y yo*.

En 1958, poco antes de morir, recibió el premio Nobel de literatura.

El viaje definitivo

...Y yo me iré. Y se quedarán los pájaros cantando;
Y se quedará mi huerto, con su verde árbol,
y con su pozo blanco.
    Todas las tardes, el cielo será azul y plácido;
y tocarán, como esta tarde están tocando,
las campanas del campanario.°   bell tower
    Se morirán aquéllos que me amaron;
y el pueblo se hará nuevo cada año;
y en el rincón aquel de mi huerto florido y encalado,°   whitewashed
mi espíritu errará° nostáljico...   will wander
    Y yo me iré; y estaré solo, sin hogar, sin árbol
verde, sin pozo blanco,
sin cielo azul y plácido...
Y se quedarán los pájaros cantando.

(De *Segunda antolojía poética*)

Conteste Ud. las siguientes preguntas, basándose en el poema.

1. Según el poema, ¿qué quedará después de la muerte del poeta?
2. ¿Quedará algo del poeta en el lugar que tanto ama?
3. ¿Cuáles son las cosas que el poeta ama?

FEDERICO GARCÍA LORCA *(España) (1898–1936)*

Es verdad

¡Ay qué trabajo me cuesta°   how hard it is
quererte como te quiero!

    Por tu amor me duele el aire,
el corazón
y el sombrero.

    ¿Quién me compraría a mí,
este cintillo° que tengo   hat band
y esta tristeza de hilo°   linen
blanco, para hacer pañuelos?

¡Ay qué trabajo me cuesta
quererte como te quiero!

>   (De *Canciones*)

Conteste Ud. las siguientes preguntas, basándose en el poema.

1. ¿Qué es muy difícil para el poeta?
2. ¿Es feliz el poeta? ¿Por qué?
3. ¿Qué le duele al poeta por el amor de su amada?

GABRIELA MISTRAL   *(Chile) (1889–1957)*

Gabriela Mistral es una de las figuras más importantes del post-modernismo. Lo que más amaba era su profesión de maestra, que desempeñó desde 1904 hasta 1922. En 1922, colaboró en la gran reforma educacional y en la organización de bibliotecas populares en México. Llegó a ser directora del Liceo de Santiago, y en 1932 fue nombrada Cónsul de Chile.

En 1945 recibió el premio Nobel de literatura, y fue la primera escritora latinoamericana que lo recibió. Lo esencial de esta gran escritora es su sensibilidad, bondad y ternura, su humanismo y amor por toda la humanidad. Por esto, el tema central de su obra es el amor: amor hacia todos los hombres; amor universal.

Dejó cuatro libros de versos: *Desolación, Ternura, Tala* y *Lagar*.

Los sonetos de la muerte

Del nicho helado en que los hombres te pusieron,
te bajaré a la tierra humilde y soleada.
Que he de dormirme en ella los hombres no supieron,
y que hemos de soñar sobre la misma almohada.

Te acostaré en la tierra soleada, con una
dulcedumbre° de madre para el hijo dormido,   *sweetness*
y la tierra ha de hacerse suavidades° de cuna   *tenderness*
al recibir tu cuerpo de niño dolorido.

Luego iré espolvoreando° tierra y polvo de rosas,   *scattering*
y en la azulada y leve° polvareda° de luna,   *light / cloud of dust*
los despojos° livianos irán quedando presos.°   *remains / imprisoned*

Me alejaré cantando mis venganzas hermosas,
¡porque a ese hondor recóndito° la mano de ninguna   **hondor...** *hidden*
bajará a disputarme tu puñado de huesos!   *depth*

>   (De *Desolación*)

Conteste Ud. las siguientes preguntas, basándose en el poema.

1. ¿Cómo expresa la poetisa su deseo de estar con su amado, aún después de la muerte?
2. ¿Qué tipo de amor expresa Gabriela Mistral por su amado muerto?
3. ¿Qué va a hacer la poetisa con los despojos de su amado?
4. ¿Por qué se siente feliz Gabriela Mistral a pesar de la muerte de su amado?

PABLO NERUDA (Chile)(1904–1973)

Sus primeros poemas revelan todavía la influencia del modernismo. En su libro *Crepusculario* ya se ve el sello personal del poeta. En 1924, publicó *Veinte poemas de amor y una canción desesperada*, donde todavía sigue la forma tradicional. En *Tentativa del hombre infinito*, vemos al Neruda del verso y la sintaxis libres. Es ésta una poesía oscura, intuitiva, superrealista. Con *España en el corazón* (1937), despierta su conciencia política y su voz se hace cada vez más hermética. De *Tercera residencia* (1947) a *Canto general* (1950) su poesía se hace más política. Neruda abraza la ideología comunista. En *Odas elementales* (1954) el poeta quiere llegar al hombre sencillo.

Neruda obtuvo el premio Nobel de literatura en 1971.

Farewell (Fragmento)

1

Desde el fondo de ti,° y arrodillado,
un niño triste, como yo, nos mira.
Por esa vida que arderá en sus venas
tendrían que amarrarse° nuestras vidas.
Por esas manos, hijas de tus manos,
tendrían que matar las manos mías.
Por sus ojos abiertos en la tierra
veré en los tuyos lágrimas un día.

desde... *deep inside of you*

to join

2

Yo no lo quiero, Amada.
Para que nada nos amarre
que no nos una nada.
Ni la palabra que aromó° tu boca,
ni lo que no dijeron tus palabras.
Ni la fiesta de amor que no tuvimos
ni tus sollozos° junto a la ventana.

perfumed

sobs

3

(Amo el amor de los marineros°   *sailors*
que besan y se van.
Dejan una promesa.
No vuelven nunca más.
En cada puerto una mujer espera,
los marineros besan y se van.
Una noche se acuestan con la muerte
en el lecho° del mar.)   *bed*
Yo me voy. Estoy triste; pero siempre estoy triste.
Vengo desde tus brazos. No sé hacia donde voy.
...Desde tu corazón me dice adiós un niño.
Y yo le digo adiós.

(De Crepusculario)

Conteste Ud. las siguientes preguntas, basándose en el poema.

1. ¿Qué actitud tiene el poeta hacia el hijo que va a nacer?
2. ¿Por qué no quiere tener un niño con su amada?
3. ¿Qué dice el poeta sobre el amor de los marineros?
4. ¿Cómo se siente el poeta al despedirse de su amada?

JAIME TORRES BODET *(México) (1902–   )*

Jaime Torres Bodet es una de las figuras más distinguidas de la literatura contemporánea. En 1918 publicó su primer libro de versos, *Fervor*, de tipo modernista. En 1926 apareció su libro *Poesías,* que es una selección de sus mejores poemas. Escribió también ensayos y cuentos. Aunque su poesía es moderna y tiene influencia francesa, conserva también las formas tradicionales.

Paz

No nos diremos nada. Cerraremos las puertas.
Deshojaremos rosas° sobre el lecho vacío   *we will break up*
y besaré, en el hueco de tus manos° abiertas,   *roses*
la dulzura del mundo, que se va, como un río...   *your palms*

Conteste Ud. la siguiente pregunta, basándose en el poema.

¿Cómo describe el poeta su idea de «paz»?

VOCABULARIO

NOMBRES

la **campana** bell
el **cuerpo** body
la **cuesta** hill
la **cuna** cradle, crib
la **dulzura** sweetness
el **hueso** bone
la **orilla** edge
el **pañuelo** handkerchief
el **polvo** dust
el **pozo** well
el **puerto** port
el **puñado** handful
la **raíz** root
el **sendero** path
el **terreno** land
la **tristeza** sadness
la **venganza** revenge

VERBOS

alejarse to go away

arder to burn
recorrer to travel
rodear to surround
unir to join, to unite

ADJETIVOS

arrodillado(a) on one's knees
dichoso(a) happy
dolorido(a) aching
dormido(a) asleep
helado(a) icy
liviano(a) light
soleado(a) sunny
vivo(a) alive

OTRAS PALABRAS Y EXPRESIONES

de veras really
en vano in vain

Palabras y más palabras

Las palabras nuevas que aparecen en los poemas... ¿forman ya parte de su vocabulario? ¡Vamos a ver!

Complete las siguientes oraciones usando las palabras del vocabulario.

1. El niño está dormido en su ____ .
2. Lloraba y recordaba con ____ los días soleados y ____ de su infancia.
3. Todo el esfuerzo de los bomberos fue en ____ ; la casa ____ completamente.
4. Desde el ____ veo alejarse los barcos.
5. Sacábamos agua del ____ que había en el huerto.
6. Después de subir la ____ tengo el cuerpo ____ .
7. Por el estrecho ____ , cubierto de polvo, llegamos a la ____ del río.
8. Hace un frío terrible. Tengo los huesos ____ .
9. Las ____ del campanario suenan todas las tardes.
10. ¡De ____ ! Pensamos ____ toda la ciudad en automóvil.
11. El ____ que rodea la casa es muy grande.
12. La parte del árbol que está dentro de la tierra es la ____ .
13. Arrodillada junto al niño, le hablaba con ____ .
14. Su ____ fue terrible. Mató a toda la familia.
15. Tengo que ponerle un ____ de arroz a la sopa.

16. Esa maleta no pesa casi nada; es muy ____ .
17. Le cubrió la herida con un ____ .
18. El «Golden Gate» ____ San Francisco con Oakland.

Desde el punto de vista literario

Comente usted...

1. ¿Qué imágenes usa Rubén Darío para dar énfasis al tema de su poema «Lo fatal»?
2. ¿Cuál es la función del estribillo en el poema «Nostalgia»?
3. ¿Ve Ud. un mensaje en el poema «Nostalgia»? ¿Cuál es?
4. ¿En qué forma expresa Juan Ramón Jiménez la idea de que después de la muerte la vida va a continuar?
5. Estudiando el poema de Gabriela Mistral, señale las características del soneto.
6. ¿De qué modo expresa Pablo Neruda su deseo de ser totalmente libre en su poema «Farewell»?

Basándose en los diferentes poemas presentados en la lectura, haga los siguientes ejercicios.

A. Busque Ud. en los poemas ejemplos de:
   1. aliteración   3. consonancia   5. metáforas
   2. asonancia   4. encabalgamiento   6. símil

B. Clasifique los siguientes versos de acuerdo con su medida:
   1. Dichoso el árbol què es apenas sensitivo.
   2. Por tu amor me duele el aire
   3. Que he de dormirme en ella los hombres no supieron,

C. En los siguientes versos, marque los ejemplos de sinalefa:
   1. pues no hay dolor más grande que el dolor de
   2. y tocarán como esta tarde están tocando.
   3. si todo es noche en rededor y arcano,

D. Señale el tema (o los temas) de cada uno de los poemas.

Composición

Basándose en las ideas expresadas por José Santos Chocano en su poema «Nostalgia», escriba una composición sobre su filosofía de lo que es la verdadera felicidad.

Plan de trabajo

1. Introducción
   Exprese su preferencia entre una vida tranquila en un mismo lugar, o una vida activa, viajando y viviendo en diferentes lugares.
2. Desarrollo
   a. Ventajas de vivir en un mismo lugar:
      (1) amigos
      (2) la familia
      (3) costumbres y tradiciones
   b. Ventajas de viajar y vivir en varios lugares:
      (1) conocer nuevos países
      (2) ampliar su círculo de amigos
      (3) ver cómo vive la gente en otros lugares
      (4) enriquecimiento cultural
3. Conclusión
   Razones por las cuales usted prefiere un tipo de vida u otra.

PENSAMIENTOS DE HOMBRES ILUSTRES

Sobre el lenguaje

Juzgo importante la conservación de la lengua de nuestros padres en su posible pureza.

Andrés Bello (Venezuela: 1781–1865)

El lenguaje, para ser puro, ha de tener[1] la primera cualidad del cristal: la transparencia.

Enrique José Varona (Cuba: 1849–1893)

---

[1]must have

8

RICARDO PALMA   *(Perú)(1833–1919)*

Ricardo Palma nació en Lima y comenzó su carrera literaria escribiendo obras de teatro y poesía, pero su gloria como escritor se debe principalmente a sus «tradiciones». Este género, creado e introducido por Palma en plena época del romanticismo, no tiene equivalente exacto en la literatura europea.

Aunque es difícil clasificar y definir las «tradiciones», se puede decir que, en general, están dentro de la línea del costumbrismo. Son relatos más o menos breves en los que se mezcla lo real con lo imaginario y en los cuales encontramos humorismo y un poco de ironía.

La pantorrilla° del comandante

calf

(Selección adaptada)

I

FRAGMENTO DE CARTA DEL TERCER JEFE DEL «IMPERIAL ALEJANDRO» AL SEGUNDO COMANDANTE DEL BATALLÓN «GERONA»

Cuzco, 3 de diciembre de 1822

Mi querido amigo: Aprovecho para escribirte la oportunidad de ir el capitán don Pedro Uriondo con cartas del virrey para el general Valdés.

Uriondo es el español más simpático que madre andaluza ha traído al mundo. Te lo recomiendo mucho. Tiene la manía° de proponer apuestas por todo y sobre todo, y lo extraño es que siempre las gana. ¡Por Dios!, hermano, te ruego que no le aceptes ninguna apuesta y que les adviertas lo mismo a tus amigos. Uriondo se jacta de que jamás ha perdido ninguna apuesta, y dice la verdad. De modo que te aconsejo que abras los ojos y tengas mucho cuidado...

Siempre tuyo,

bad habit

Juan Echerry

II

CARTA DEL SEGUNDO COMANDANTE DEL «GERONA» A SU
AMIGO DEL «IMPERIAL ALEJANDRO»

Sama, 28 de diciembre de 1822

Mi inolvidable camarada y pariente: Te escribo sobre un
tambor° en el momento de prepararse el batallón para salir   *drum*
hacia Tacna, donde estoy seguro de que vamos a capturar al
gaucho Martínez, antes de que se una a las tropas de Al-
varado, a quien después nos proponemos hacer bailar el
zorongo.[1] El diablo se va a llevar de esta vez a los in-
surgentes. Ya es tiempo de que cargue Santanás con lo suyo,
y de que las charreteras° de coronel estén sobre los hombros   *epaulets*
de tu amigo.

Te doy las gracias por haberme proporcionado la amistad
del capitán Uriondo. Es un muchacho que vale en oro lo que
pesa y en los pocos días que lo hemos tenido en el cuartel°   *barracks*
general ha sido el favorito de la oficialidad.

¡Y lo bien que canta el chico! ¡Y cómo sabe hacer hablar a
las cuerdas° de una guitarra!   *strings*

Mañana saldrá de regreso para el Cuzco con cartas del
general para el virrey.

En cuanto a sus laureles como ganador de apuestas... di-
gamos que van marchitos.° Dijo esta mañana que el aire de   *withered*
vacilación que tengo al andar dependía, no del balazo que
me dieron en el alto Perú, sino de un lunar grueso como un
granzo de arroz, que, según él afirmaba, sin ninguna duda,
debía yo tener en la parte baja de la pierna izquierda.
Agregó° con una seguridad digna° del médico de mi batallón,   *He added / worthy*
que ese lunar era cabeza de vena y con el tiempo, si no me lo
hacía quemar, tendría ataques mortales al corazón. Yo que
conozco mi agujereado° cuerpo y que sé que no tengo lu-   *full of holes*
nares, me empecé a reír. Uriondo se síntió herido en su or-
gullo y apostó seis onzas a que me convencía de la existencia
del lunar. Aceptarle era robarle el dinero, y me negué: pero,
insistiendo él tercamente en su afirmación, intervinieron el
capitán Murrieta, nuestro amigo Goytisolo, el teniente
Silgado y el padre Marieluz, que está de capellán° de tropa, y   *chaplain*
otros oficiales, diciéndome todos:

—¡Vamos, comandante, gánese ese dinero que le cae de
las nubes!

¡Me convencieron! Enseñé la pierna y todos vieron que
en ella no había ningún lunar. Uriondo se puso rojo° y tuvo   **se puso...** *blushed*

---

[1]Andalusian dance

que confesar que se había equivocado. Me dio las seis onzas que yo no quería aceptar; pero que al fin, tuve que guardar, pues él insistió en declarar que las había peridido en toda regla.°

Contra tu consejo tuve la debilidad de aceptarle una apuesta a tu amigo, quedándome más que la ganancia de las seis onzas, la gloria de ser el primero que ha vencido al que tú considerabas invencible. Qué Dios te guarde de un balazo, y a mí... lo mismo.

en... *fairly*

Domingo Echizarraga

III

CARTA DEL TERCER JEFE DEL «IMPERIAL ALEJANDRO» AL SEGUNDO COMANDANTE DEL «GERONA»

Cuzco, enero 10 de 1823

Compañero: ¡Me arruinaste!

El capitán Uriondo había apostado conmigo treinta onzas a que te hacía enseñar la pantorrilla el día de los Inocentes.[1]

Desde ayer hay, por culpa tuya, treinta onzas menos en el bolsillo de tu amigo, que te perdona la desobediencia a mi consejo.

Juan Echerry

IV

Y yo el escritor garantizo, con toda la seriedad de un tradicionista, la autenticidad de las firmas de Echerry y Echizarraga

Ricardo Palma

Díganos...

1. ¿Qué sabe Ud. de Pedro Uriondo?
2. ¿De qué se jacta siempre Uriondo?
3. ¿Qué le recomienda Juan Echerry a su amigo?
4. ¿Qué opinión tiene Domingo Echizarraga sobre Uriondo?

---

[1]El día de los Inocentes se celebra el 28 de diciembre y es parecido a «April Fool's Day».

5. ¿Qué ha dicho Uriondo que causa el problema de Echizarraga?
6. ¿Cuál es la apuesta que hacen Echizarraga y Uriondo?
7. ¿Quién gana realmente la apuesta y por qué?
8. ¿Por qué dijo Juan Echerry que su amigo lo había arruinado?

JORGE LUIS BORGES   *(Argentina)* *(1899–   )*

Jorge Luis Borges nació en Buenos Aires y es uno de los escritores hispanoamericanos que gozan[1] de una reputación internacional. Sus obras han sido traducidas a varias lenguas y en 1961 ganó el premio internacional de literatura Formentor.

Jorge Luis Borges comenzó su carrera literaria como poeta y, aunque debe su renombre[2] a la prosa, es un poeta de primera línea. En sus cuentos y ensayos encontramos siempre al poeta y en sus versos vemos la angustia y los temas que dominan su prosa.

Los cuentos de Borges son lo que le ha dado fama internacional por su originalidad y sentido de novedad. Su prosa es refinada, el vocabulario es muy rico y sus expresiones están llenas de imágenes y metáforas. Borges es uno de los grandes estilistas de la lengua española.

Emma Zunz

El catorce de enero de 1922, Emma Zunz, al volver de la fábrica de tejidos Tarbuch y Loewenthal, halló en el fondo del zaguán° una carta, fechada en el Brasil, por la que supo que su padre había muerto. La engañaron, a primera vista, el sello° y el sobre; luego, la inquietó° la letra desconocida. Nueve o diez líneas borroneadas° querían colmar° la hoja;° Emma leyó que el señor Maier había ingerido por error una fuerte dosis de veronal y había fallecido el tres del corriente en el hospital de Bagé. Un compañero de pensión de su padre firmaba la noticia, un tal Fein° o Fain, de Río Grande, que no podía saber que se dirigía a la hija del muerto.

Emma dejó caer° el papel. Su primera impresión fue de malestar en el vientre° y en las rodillas; luego de ciega culpa, de irrealidad, de frío, de temor; luego, quiso ya estar en el día siguiente. Acto continuo° comprendió que esa voluntad era inútil porque la muerte de su padre era lo único que había sucedido en el mundo, y seguiría sucediendo sin fin. Recogió el papel y se fue a su cuarto. Furtivamente lo guardó en un cajón, como si de algún modo ya conociera los hechos ulteriores. Ya había empezado a vislumbrarlos,° tal vez; ya era la que sería.

entrance

stamp / worried her
scribbled / fill / sheet

un... *a Mr. Fein*

dropped
stomach

acto... *immediately*

imagine them

---

[1]enjoy   [2]fame

En la creciente° oscuridad, Emma lloró hasta el fin de aquel día el suicidio de Manuel Maier, que en los antiguos días felices fue Emanuel Zunz. Recordó veraneos en una chacra,° cerca de Gualeguay, recordó (trató de recordar) a su madre, recordó la casita de Lanús que les remataron,° recordó los amarillos losanges de una ventana, recordó el auto de prisión, el oprobio, recordó los anónimos con el suelto° sobre «el desfalco del cajero», recordó (pero eso jamás lo olvidaba) que su padre, la última noche, le había jurado que el ladrón era Loewenthal. Loewenthal, Aarón Lowenthal, antes gerente de la fábrica y ahora uno de los dueños. Emma, desde 1916, guardaba el secreto. A nadie se lo había revelado, ni siquiera° a su mejor amiga, Elsa Urstein. Quizá rehuía la profana incredulidad; quizá creía que el secreto era un vínculo entre ella y el ausente. Loewenthal no sabía que ella sabía; Emma Zunz derivaba de ese hecho ínfimo un sentimiento de poder.

growing

farm
auctioned

newspaper clipping

ni... not even

No durmió aquella noche y cuando la primera luz definió el rectángulo de la ventana, ya estaba perfecto su plan. Procuró° que ese día, que le pareció interminable, fuera como los otros. Había en la fábrica rumores de huelga; Emma se declaró, como siempre, contra toda violencia. A las seis, concluido el trabajo, fue con Elsa a un club de mujeres, que tiene gimnasio y pileta.° Se inscribieron;° tuvo que repetir y deletrear° su nombre y su apellido, tuvo que festejar° las bromas vulgares que comentan la revisación. Con Elsa y con la menor de las Kronfuss discutió a qué cinematógrafo irían el domingo a la tarde. Luego, se habló de novios y nadie esperó que Emma hablara. En abril cumpliría diecinueve años, pero los hombres le inspiraban, aún, un temor casi patológico.... De vuelta, preparó una sopa de tapioca y unas legumbres, comió temprano, se acostó y se obligó a dormir. Así, laborioso y trivial, pasó el viernes quince, la víspera.°

She tried

swimming pool
Se... *They registered*
to spell / to appear
to enjoy

eve

El sábado, la impaciencia la despertó. La impaciencia, no la inquietud, y el singular alivio° de estar en aquel día, por fin. Ya no tenía que tramar y que imaginar; dentro de algunas horas alcanzaría la simplicidad de los hechos. Leyó en *La Prensa* que el *Nordstjärnan*, de Malmö, zarparía° esa noche del dique° 3; llamó por teléfono a Loewenthal, insinuó que deseaba comunicar, sin que lo supieran las otras, algo sobre la huelga y prometió pasar por el escritorio,° al oscurecer.° Le temblaba la voz; el temblor convenía a una delatora.° Ningún otro hecho memorable ocurrió esa mañana. Emma trabajó hasta las doce y fijó con Elsa y con Perla Kronfuss los pormenores° del paseo del domingo. Se acostó después de

relief

would weigh anchor
pier

office / al... at dusk
informer

details

almorzar y recapituló, cerrados los ojos, el plan que había tramado. Pensó que la etapa final sería menos horrible que la primera y que le depararía,° sin duda, el sabor de la victoria y de la justicia. De pronto, alarmada, se levantó y corrió al cajón de la cómoda. Lo abrió; debajo del retrato° de Milton Sills, donde la había dejado anteanoche, estaba la carta de Fain. Nadie podía haberla visto; la empezó a leer y la rompió. *would give*

portrait

Referir con alguna realidad los hechos de esa tarde sería difícil y quizá improcedente.° Un atributo de lo infernal es la irrealidad, un atributo que parece mitigar sus terrores y que los agrava tal vez. ¿Cómo hacer verosímil° una acción en la que casi no creyó quien la ejecutaba, cómo recuperar ese breve caos que hoy la memoria de Emma Zunz repudia y confunde? Emma vivía por Almagro, en la calle Liniers; nos consta° que esa tarde fue al puerto. Acaso en el infame Paseo de Julio se vio multiplicada en espejos, publicada por luces y desnudada° por los ojos hambrientos, pero más razonable es conjeturar que al principio erró,° inadvertida, por la indiferente recova°... Entró en dos o tres bares, vio la rutina o los manejos° de otras mujeres. Dio al fin con hombres del *Nordstjärnan*. De uno, muy joven, temió que le inspirara alguna ternura y optó por otro, quizá más bajo que ella y grosero, para que la pureza del horror no fuera mitigada. El hombre la condujo a una puerta y después a un turbio zaguán y después a una escalera tortuosa y después a un vestíbulo (en el que había una vidriera con losanges idénticos a los de la casa en Lanús) y después a un pasillo y después a una puerta que se cerró. Los hechos graves están fuera del tiempo, ya porque en ellos el pasado inmediato queda como tronchado° del porvenir, ya porque no parecen consecutivas las partes que los forman. *unrighteous*

believable

nos... we know

undressed
wandered
shed
devices

cut off

¿En aquel tiempo fuera del tiempo, en aquel desorden perplejo de sensaciones inconexas y atroces, pensó Emma Zunz *una sola vez* en el muerto que motivaba el sacrificio? Yo tengo para mí que pensó una vez y que en ese momento peligró su desesperado propósito. Pensó (no pudo no pensar) que su padre le había hecho a su madre la cosa horrible que a ella ahora le hacían. Lo pensó con débil asombro y se refugió, en seguida, en el vértigo. El hombre, sueco° o finlandés, no hablaba español; fue una herramienta para Emma como ésta lo fue para él, pero ella sirvió para el goce° y él para la justicia. *Swedish*

pleasure

Cuando se quedó sola, Emma no abrió en seguida los ojos. En la mesa de luz estaba el dinero que había dejado el hombre. Emma se incorporó y lo rompió como antes había roto la carta. Romper dinero es una impiedad, como tirar el pan; Emma se arrepintió, apenas lo hizo. Un acto de soberbia y en aquel día... El temor se perdió en la tristeza de su cuerpo, en el asco.° El asco y la tristeza la encadenaban,° pero Emma lentamente se levantó y procedió a vestirse. En el cuarto no quedaban colores vivos; el último crepúsculo se agravaba. Emma pudo salir sin que la advirtieran;° en la esquina subió a un Lacroze, que iba al oeste. Eligió, conforme a su plan, el asiento más delantero, para que no le vieran la cara. Quizá le confortó verificar, en el insípido trajín° de las calles, que lo acaecido° no había contaminado las cosas. Viajó por barrios decrecientes y opacos, viéndolos y olvidándolos en el acto, y se apeó° en una de las bocacalles° de Warnes. Paradójicamente su fatiga venía a ser una fuerza, pues la obligaba a concentrarse en los pormenores de la aventura y le ocultaba el fondo y el fin.

Aarón Loewenthal era, para todos, un hombre serio; para sus pocos íntimos, un avaro. Vivía en los altos de la fábrica, solo. Establecido en el desmantelado arrabal,° temía a los ladrones; en el patio de la fábrica había un gran perro y en el cajón de su escritorio, nadie lo ignoraba, un revólver. Había llorado con decoro, el año anterior, la inesperada muerte de su mujer —¡una Gauss, que le trajo una buena dote°!—, pero el dinero era su verdadera pasión. Con íntimo bochorno° se sabía menos apto para ganarlo que para conservarlo. Era muy religioso, creía tener con el Señor un pacto secreto, que lo eximía de obrar bien, a trueque de oraciones° y devociones. Calvo,° corpulento, enlutado,° de quevedos ahumados° y barba rubia, esperaba de pie, junto a la ventana, el informe confidencial de la obrera Zunz.

La vio empujar la verja° (que él había entornado a propósito) y cruzar el patio sombrío.° La vio hacer un pequeño rodeo cuando el perro atado ladró.° Los labios de Emma se atareaban° como los de quien reza en voz baja; cansados, repetían la sentencia que el señor Loewenthal oiría antes de morir.

Las cosas no ocurrieron como había previsto° Emma Zunz. Desde la madrugada° anterior, ella se había soñado muchas veces, dirigiendo el firme revólver, forzando al miserable a confesar la miserable culpa y exponiendo la intrépida estratagema° que permitiría a la Justicia de Dios triunfar de la justicia humana. (No por temor sino por ser un instrumento de la Justicia, ella no quería ser castigada.) Luego, un solo balazo en mitad del pecho rubricaría la suerte° de Loewenthal. Pero las cosas no ocurrieron así.

nausea / chained

sin... unnoticed

going to and fro
lo... what happened

got off / intersections

suburb

dowry
shame

a... in exchange for prayers
bald / in mourning / tinted glasses

iron gate
dark
barked
se... were busy

anticipated
dawn

plan

rubricaría... would sign the destiny

Ante Aarón Loewenthal, más que la urgencia de vengar a su padre, Emma sintió la de castigar el ultraje° padecido por ello. No podía no matarlo, después de esa minuciosa deshonra. Tampoco tenía tiempo que perder en teatralerías. Sentada, tímida, pidió excusas a Loewenthal, invocó (a fuer de° delatora) las obligaciones de la lealtad,° pronunció algunos nombres, dio a entender otros y se cortó como si la venciera el temor. Logró que Loewenthal saliera a buscar una copa de agua. Cuando éste, incrédulo de tales aspavientos,° pero indulgente, volvió del comedor, Emma ya había sacado del cajón el pesado revólver. Apretó el gatillo° dos veces. El considerable cuerpo se desplomó° como si los estampidos y el humo lo hubieran roto, el vaso de agua se rompió, la cara la miró con asombro y cólera, la boca de la cara la injurió° en español y en ídisch. Las malas palabras no cejaban;° Emma tuvo que hacer fuego° otra vez. En el patio, el perro encadenado rompió a ladrar, y una efusión de brusca sangre manó° de los labios obscenos y manchó la barba y la ropa. Emma inició la acusación que tenía preparada («He vengado a mi padre y no me podrán castigar...»), pero no la acabó, porque el señor Loewenthal ya había muerto. No supo nunca si alcanzó a comprender.

Los ladridos° tirantes le recordaron que no podía, aún, descansar. Desordenó el diván, desabrochó° el saco del cadáver, le quitó los quevedos salpicados° y los dejó sobre el fichero.° Luego tomó el teléfono y repitió lo que tantas veces repetiría, con esas y con otras palabras: *Ha ocurrido una cosa que es increíble... El señor Loewenthal me hizo venir con el pretexto de la huelga... Abusó de mí, lo maté.*

La historia era increíble, en efecto, pero se impuso a todos, porque sustancialmente era cierta. Verdadero era el tono de Emma Zunz, verdadero el pudor,° verdadero el odio. Verdadero también era el ultraje que había padecido: sólo eran falsas las circunstancias, la hora y uno o dos nombres propios.

abuse

a... in the manner of / loyalty

excessive emotions

apretó... *pulled the trigger*

fell

insulted

no... *didn't stop / shoot*

sprang

barkings
unbuttoned
splashed / file cabinet

modesty

Díganos...

1. ¿Qué encontró Emma Zunz al volver de la fábrica de tejidos?
2. ¿Cómo murió el padre de Emma Zunz?
3. ¿Cómo reaccionó Emma ante la noticia?
4. ¿Quién es Loewenthal? ¿Por qué lo odia Emma?
5. ¿Qué hace Emma al día siguiente de recibir la carta?
6. ¿A quién llamó el sábado y para qué?
7. ¿Para qué fue Emma al puerto y qué pasó allí?
8. ¿Qué fue Emma para el marinero y qué fue él para ella?

9. ¿Qué sabe Ud. sobre Aarón Loewenthal?
10. ¿Qué había pensado Emma que haría al verse frente a Loewenthal?
11. ¿Cómo venga Emma a su padre?
12. ¿Por qué creyeron todos la historia de Emma?

VOCABULARIO

NOMBRES

la **apuesta** bet
el **balazo** shot
el **cajón** drawer
la **debilidad** weakness
el **desfalco** embezzlement
el **diablo** devil
la **fábrica** factory
el (la) **ganador(a)** winner
la **herramienta** tool
la **huelga** strike
el **lunar** mole
la **oración** prayer
el **orgullo** pride
el (la) **pariente** relative
el **saco** coat
el **tejido** textile
la **vena** vein

VERBOS

engañar to deceive

equivocarse to make a mistake
fallecer to die
hallar to find
jactarse to brag
pesar to weigh
quemar to burn
recoger to pick up
vengar to avenge
vengarse (de) to take revenge (on)

ADJETIVOS

avaro(a) stingy, miserly
cierto(a) true
grueso(a) thick
herido(a) wounded
inútil useless
terco(a) stubborn

OTRAS PALABRAS Y EXPRESIONES

a primera vista at first sight

Palabras y más palabras

Las palabras nuevas que aparecen en las dos selecciones... ¿forman ya parte de su vocabulario? ¡Vamos a ver!

Dé el equivalente de las siguientes palabras o frases.

1. Satanás
2. parte del sistema circulatorio
3. cometer un error
4. opuesto de *útil*
5. verdad
6. tomar venganza
7. encontrar

8. no decir la verdad
9. acción de apostar
10. miembro de la familia
11. lo que hacemos para saber el peso de algo
12. opuesto de *perdedor*
13. opuesto de *humildad*
14. lugar donde se fabrica algo
15. opuesto de *fuerza*
16. opuesto de *generoso*
17. textiles
18. lo que decimos cuando rezamos
19. paro de trabajadores o estudiantes

Desde el punto de vista literario

Comente usted...

1. ¿Qué estilo utiliza Ricardo Palma en «La pantorrilla del comandante»?
2. ¿Quién es el personaje central de la obra y cómo está presentado?
3. ¿En qué tono está escrita esta «tradición»?
4. ¿Por qué es irónico el final de la obra de Palma?
5. ¿Cuál es el tema central del cuento «Emma Zunz»?
6. ¿Desde qué punto de vista está narrado el cuento?
7. ¿Qué importancia tiene el barco *Nordstjärnan* en el cuento?
8. ¿Cómo logra el autor describir el horror de la situación de la protagonista en el episodio del puerto? Dé ejemplos.
9. ¿Qué importancia tiene el episodio del puerto en relación con la venganza de Emma Zunz?
10. ¿Tiene el cuento un final sorprendente? ¿Por qué?

Composición

Escriba una composición analizando el cuento «Emma Zunz» de Jorge Luis Borges.

Plan de trabajo

1. Introducción
   Hable sobre el tema central del cuento.

2. Desarrollo
   a. ¿Qué clase de cuento es?: realista, social, sicológico, etc.
   b. ¿Desde qué punto de vista está contado el cuento?
   c. Tipo de lenguaje que usa el autor.

d. Descripción de los personajes.

e. ¿Por qué es importante el final?

3. Conclusión

Explique Ud. las razones por las cuales le ha gustado o no el cuento.

PENSAMIENTOS DE HOMBRES ILUSTRES

Sobre la tiranía

¿De qué se hace un tirano? De la vileza de muchos y de la cobardía[1] de todos.

Enrique José Varona (Cuba: 1849–1933)

La sangre nos horroriza; pero si ha de verterse alguna, que se vierta la del malvado.

Manuel González Prada (Perú: 1848–1918)

---

[1]cowardice

9

CAMILO JOSÉ CELA *(España) (1916–   )*

El famoso escritor Camilo José Cela logró la fama con su primer libro, *La familia de Pascual Duarte* (1942), que da un nuevo ímpetu a la novela española. En esta novela el autor pone énfasis en la violencia, el crimen, y lo trágico de la vida.

En todas sus obras usa técnicas estilísticas diferentes que están de acuerdo con el tema de cada una de ellas. La crítica considera *La colmena* como su mejor obra. En ella el escritor nos presenta la vida de Madrid después de la Guerra Civil. Es una obra fragmentaria y esquemática. Como el título indica, lo que se describe en la novela son cuadros de la vida de la ciudad y episodios aislados[1] de la vida de sus personajes.

Otras obras del autor son *Pabellón de reposo* (1943), *Nuevas andanzas y desventuras de Lazarillo de Tormes* (1944), *Mrs. Caldwell habla con su hijo* (1953) y *San Camilo, 1936* (1969). También ha escrito numerosos cuentos y libros de viajes como *Viaje a la Alcarria* (1948).

La colmena *(Selección adaptada)*

[Elvira, uno de los muchos personajes de la obra, representa la miseria humana y la situación de España después de la Guerra Civil. En ella muestra Cela la desesperación y también la esperanza. La novela no es la historia de una sola persona, sino la presentación de 160 personajes en un Madrid donde domina el hambre y el ansia de satisfacción sexual.]

La señorita Elvira llama al hombre que vende cigarrillos.
—¡Padilla!
—¡Voy, señorita Elvira!
—Dame dos cigarrillos; mañana te los pago.
—Bueno.
Padilla sacó los cigarrillos y se los puso sobre la mesa.
—Uno es para luego, ¿sabes?, para después de la cena.
—Bueno, ya sabe usted, aquí hay crédito.
El hombre sonrió con un gesto de galantería.° La señorita   *gallantry*
Elvira sonrió también.
—Oye, ¿quieres darle un recado a Macario?
—Sí.
—Que si puede tocar «Luisa Fernanda», por favor.

---

[1]isolated

El hombre se marchó arrastrando° los pies, camino de la *dragging*
tarima° de los músicos. Un señor que llevaba ya un rato *stage*
mirando a Elvirita, se decidió por fin a romper el hielo.

—Son bonitas las zarzuelas,[1] ¿verdad, señorita?

La señorita Elvira asintió con una sonrisa que él interpretó
como un gesto° de simpatía. *gesture*

—Y muy sentimentales, ¿verdad?

La señorita Elvira entornó° los ojos. El señor tomó nuevas *half closed*
fuerzas.

—¿A usted le gusta el teatro?

—Si es bueno...

El señor se rio como festejando una ocurrencia muy chis-
tosa,° y continuó: *festejando...*
applauding a very
funny saying

—Claro, claro. ¿Y el cine? ¿También le gusta el cine?

—A veces...

El señor hizo un esfuerzo tremendo, un esfuerzo que le
puso colorado hasta las cejas.° *eyebrows*

—Esos cines oscuritos, ¿eh?, ¿qué tal?

La señorita Elvira se mostró digna y suspicaz.° *se... behaved in a*
dignified,
mistrustful way

—Yo al cine voy siempre a ver la película.

El señor reaccionó.

—Claro, naturalmente, yo también... Yo decía por los
jóvenes, claro, por las parejitas, ¡todos hemos sido jóvenes!...
Señorita, he observado que usted fuma; si usted me lo permite, yo tendría mucho gusto en... vamos, en proporcionarle
una cajetilla de cigarrillos.

El señor habla precipitadamente, azoradamente.° La *anxiously*
señorita Elvira le respondió con cierto desprecio, con el
gesto de quien tiene la sartén por el mango.

—Bueno, ¿por qué no? ¡Si es capricho!° *whim*

El señor llamó al vendedor, le compró la cajetilla, se la entregó con su mejor sonrisa a la señorita Elvira, se puso el abrigo, cogió el sombrero y se marchó. Antes le dijo a la señorita
Elvira:

—Bueno, señorita, mucho gusto. Leoncio Maestre, para
servirla. Como le digo, espero que nos veamos otro día y que
seamos buenos amiguitos.

•   •   •

A don Leoncio Maestre por poco lo mata un tranvía.

—¡Burro!

—¡Burro será usted, desgraciado.° ¿En qué va usted pen- *you miserable ...!*
sando?

---

[1]Opereta española

Don Leoncio Maestre iba pensando en Elvirita.

—Es mona,° sí, muy mona. ¡Ya lo creo! Y parece chica *cute*
fina°... No creo que sea una golfa.° ¡Cualquiera sabe! Cada *refined / tramp*
vida es una novela. Estoy seguro de que es una chica de
buena familia. Ahora estará trabajando en alguna oficina, en
algún sindicato. Tiene la cara triste; a lo mejor lo que
necesita es a alguien que le dé cariño y mucho mimo.° *pampering*

A don Leoncio Maestre le saltaba el corazón debajo de la
camisa.

—Mañana vuelvo. Sí, sin duda. Si está, buena señal. Y si
no... Si no está... ¡A buscarla!

Don Leoncio Maestre se subió el cuello del abrigo y dio
dos saltitos.

—Elvira, señorita Elvira. Es un bonito nombre. Yo creo
que la cajetilla de cigarrillos le habrá gustado. Mañana le re-
petiré el nombre. Leoncio. Leoncio, Leoncio. Espero que
ella me ponga un nombre mucho más cariñoso. Leo, Oncio,
Oncete... Me tomo una caña° porque me da la gana. *a glass of beer*
(España)

Don Leoncio Maestre se metió en un bar y se tomó una
caña en el mostrador.° A su lado, sentada en una banqueta,° *counter / stool*
una muchacha le sonreía. Don Leoncio se volvió de espal-
das. Aguantar aquella sonrisa le habría parecido una trai- *treason*
ción;° la primera traición que le habría hecho a Elvirita.

—No; Elvirita, no. Elvira. Es un nombre sencillo, un
nombre muy bonito.

La muchacha de la banqueta le habló por encima del hombro.

—¿Me da usted fuego,° tío° serio? *light / guy* (Espāna)

Don Leoncio le dio fuego, casi temblando. Pagó la caña y
salió a la calle apresuradamente.° *in a hurry*

—Elvira... , Elvira...

• • •

La señorita Elvira deja la novela sobre la mesa de noche y
apaga la luz. «Los misterios de París» se quedan a oscuras al
lado de un vaso de agua, de unas medias° usadas y de una *stockings*
barra de rouge° casi terminada. *lipstick*

Antes de dormirse, la señorita Elvira siempre piensa un
poco.

Doña Rosa tiene razón. Es mejor volver con el viejo, así no
puedo seguir. Es un baboso,° pero, ¡después de todo! yo ya *drooling old man*
no tengo mucho dónde escoger.

• • •

Don Leoncio Maestre tomó dos decisiones fundamen-
tales. Primero: es evidente que la señorita Elvira no es una

cualquiera,° se le ve en la cara. La señorita Elvira es una   *tramp*
chica fina, de buena familia, que habrá tenido algún problema con los suyos y se habrá ido de su casa y ha hecho bien,
¡qué caramba!

La segunda decisión de don Leoncio fue la de ir de nuevo,
después de cenar, al Café de doña Rosa, a ver si la señorita
Elvira había vuelto por allí.

Díganos...

1. ¿En qué época tiene lugar la acción de la novela?
2. ¿Cómo sabemos que Elvira es muy pobre?
3. ¿Qué hace Don Leoncio para romper el hielo entre él y Elvira?
4. ¿Cómo reacciona Elvirita cuando el hombre le dice: «Esos cines oscuritos, ¿eh? ¿qué tal?»
5. ¿Qué hace Don Leoncio para ganar la amistad de Elvira y cómo reacciona ella?
6. ¿Qué le pasa a Don Leoncio en la calle y por qué?
7. ¿Cómo cree Don Leoncio que es Elvira?
8. Cuando la muchacha le sonríe en el bar, ¿qué cree Don Leoncio que le está haciendo a Elvirita?
9. Describa el cuarto de Elvira.
10. ¿Cuáles son las decisiones que toma Don Leoncio?

ALFONSO SASTRE *(España)(1926–   )*

Alfonso Sastre es un famoso dramaturgo de post-guerra. Su teatro es un teatro social, con énfasis en la angustia, la desesperanza y lo brutal en el hombre. En su obra, Sastre trata de demostrar que todos tenemos derecho a la libertad y a la justicia. El dramaturgo maneja hábilmente el diálogo y sabe crear un ambiente verídico donde se desarrollan sus obras.

La obra *La mordaza*,[1] de la que ofrecemos una selección, es la representación simbólica de la opresión. A través del protagonista, Isaías Krappo, quien mantiene un clima de terror en su casa y en su familia, Sastre representa la dictadura y la falta[2] de libertad en cualquier país.

Otras obras de Alfonso Sastre son *Escuadra hacia la muerte* (1952), *El pan de todos* (1952), *Tierra roja* (1954), *Ana Kleiber* (1955), *La sangre de Dios* (1955), *El cuervo* (1956), *La cornada* (1959) y *Asalto nocturno* (1962).

La mordaza *(Selección adaptada)*

Isaías Krappo, hombre dominante que inspira a su familia más miedo que cariño, está sentado en la sala de su casa. Todos se han ido a dormir y lo han dejado solo. Él está extrañamente contento. De pronto suenan unos golpes° fuertes en la puerta de la calle. Isaías los escucha sorprendido. Vuelven a sonar los golpes.　　　　　knocks

ISAÍAS　—*(llamando a la criada)* ¡Andrea! ¡La puerta de la calle!
　　　　　(Un silencio. Entra Andrea.)

ANDREA　—Es un señor que pregunta por usted.

ISAÍAS　—¿Un señor? ¿Quién?

ANDREA　—No lo conozco. No creo que sea del pueblo.

ISAÍAS　—No comprendo quién puede ser. Dile que pase.° *(Andrea sale y vuelve en seguida con un hombre delgado, pálido y muy nervioso. Isaías lo observa y frunce el ceño.°)* ¿Qué quiere usted? ¿Qué busca a estas horas?　　　**Dile...** *Tell him to come in.*

　　　　　　　　　　　　　　　　　　　　　　　　　frunce... *frowns*

EL FORASTERO°　—Es... es usted Isaías Krappo, ¿verdad?　　*stranger*

ISAÍAS　—Sí

EL FORASTERO　—Tengo que... tengo que hablar con usted.

---

[1]gag　　[2]lack

ISAÍAS —¿No ha podido esperar hasta mañana?

EL FORASTERO —Es que... acabo de llegar. Tengo el coche en la carretera. He estado rodando° siete horas por esos caminos hasta llegar aquí. Estoy muy cansado.

wandering around

ISAÍAS —Usted me va a explicar si puede... o si quiere...

EL FORASTERO —Desde hace tiempo tenía interés en hablar con usted. Pero no ha podido ser hasta ahora.

ISAÍAS —¿Por qué razón?

EL FORASTERO —He estado... (*Trata de sonreír.*), he estado sin salir durante algún tiempo... he estado... en la cárcel. Esta mañana, a primera hora, me han soltado. Después de, ¿sabe usted?, después de tres largos años, ¿se da cuenta? Hacía tres años que no hablaba con nadie, y he estado pensando, esperando el momento de salir para regresar a estos pueblos, que para mí tienen ciertos recuerdos... aterradores.° ¿Me permite sentarme? No me siento bien.

terrifying

ISAÍAS —Siéntese.

EL FORASTERO —Sufro mucho con los nervios y no puedo dormir. Así que estoy enfermo y... desesperado... No sé lo que voy a hacer. Espero tranquilizarme haciendo... lo que quiero hacer; matar a un hombre que no merece vivir en este mundo.

ISAÍAS —¿De qué me está hablando? ¿Está loco o qué le ocurre?

EL FORASTERO —Quizás estoy volviéndome loco. Ha sido demasiado para mí. Y lo malo es que ahora me es imposible dormir. No puedo descansar.

ISAÍAS —(*que empieza a divertirse con la situación*) ¿Y qué tengo yo que ver en todo esto?° Si usted quiere decírmelo...

que... what does all this have to do with me?

EL FORASTERO —Es difícil hablar de ciertas cosas, pero hay que hacerlo... Usted ya se puede figurar por qué he estado en la cárcel... desde hace tres años... desde que terminó la guerra precisamente.

ISAÍAS —A lo mejor colaboró amigablemente° con las fuerzas de ocupación.

in a friendly way

EL FORASTERO —Exacto. Colaboré... amigablemente. Por eso estuvieron a punto de matarme.° Me condenaron a muerte. Luego hubo personas que se interesaron por mí y he estado en la cárcel tres años, tres largos años, como le digo; tres años que han destrozado mis nervios. Pero lo peor ya me había ocurrido antes, durante la guerra. Yo creo que usted sabe algo de aquello; por eso he venido a hablar con usted. Es lo primero que hago después de salir de la cárcel. Venir a hablar con usted. Yo creo que usted sabe...

estuvieron... *they almost killed me*

ISAÍAS —¿Cómo ha sabido mi nombre?

EL FORASTERO —¿Su nombre? No lo he olvidado. No puedo olvidarlo, naturalmente.

ISAÍAS —¿Lo recordaba... de la guerra?

EL FORASTERO —Sí.

ISAÍAS —(*que está un poco nervioso*) Hable de una vez,° si quiere.

hable... *speak up*

EL FORASTERO —(*Lo mira, imperturbable.*) Le hablaba de algo muy doloroso°... de algo que me ocurrió hace tres años, durante la guerra... en estos alrededores,° a cinco kilómetros del pueblo, aproximadamente. Lo recuerdo perfectamente. Fue una cosa tan terrible, que no he podido olvidarla. Y recuerdo hasta las caras de los que intervinieron.

painful

en... *around here*

ISAÍAS —Continúe.

EL FORASTERO —Íbamos en dos coches. En el primero iba yo con... con una importante personalidad del... sí, del ejército de ocupación... En el otro iban nuestras mujeres y mi hija... mi hija de doce años... Nos asaltaron a unos cinco kilómetros de este pueblo, como le digo. Un grupo de la resistencia... de patriotas..., de los que nosotros llamábamos terroristas... La partida de Isaías Krappo...

ISAÍAS —¿Está seguro? Yo no recuerdo nada. No sé de qué me está hablando.

EL FORASTERO —Las mujeres quedaron en manos de los patriotas... El general que iba conmigo recibió un balazo en el pecho, y murió dos horas después. En el momento del ataque traté de ir en auxilio de las mujeres, pero el chofer no tenía otra idea que salir de allí. Y lo consiguió. Sólo él y yo quedamos a salvo.° Unos días después aparecieron los cadáveres de las mujeres y de la niña en un barranco.° Estábamos preparando una expedición de castigo,° pero ya no nos dio tiempo. La expedición quedó aplazada° y ahora he venido yo.

quedamos... *were safe*

ravine
punishment

quedó... *was postponed*

ISAÍAS —¿A qué ha venido?

EL FORASTERO —A hacer justicia.

ISAÍAS —¿A buscar al que mató a su mujer y a su hija?

EL FORASTERO —A ése ya lo he encontrado.

ISAÍAS —(*Ríe.*) Por lo visto piensa que fui yo...

EL FORASTERO —No se ría.° Sé que fue usted. Es curioso. Cuando venía hacia aquí me figuraba que no iba a poder estar tranquilo ante Isaías Krappo. Me figuraba que iba a tratar de abalanzarme° sobre él y matarlo. Pero ahora estoy aquí y veo que ésa no es la solución. Y se me ocurren (*Sonríe nerviosamente.*) las más distantas y extraordinarias venganzas.

don't laugh

throw myself on

ISAÍAS —Todo eso es una especie de° delirio suyo. No recuerdo nada de lo que dice. No tengo nada que temer.

especie... *sort of*

EL FORASTERO —Eso cree usted...

ISAÍAS —Ahora márchese de mi casa.

EL FORASTERO —Me voy a ir tranquilamente, sin apresurarme... si usted me lo permite... Y usted me lo va a permitir, porque no le conviene, de ningún modo le conviene, despedirme de mala forma. Usted ya sabe lo que ocurre. Tiene un mal enemigo vivo, desesperado y libre... completamente libre, por fin. Quizá esto le va a quitar el sueño.° No le prometo, amigo Krappo, no le prometo una larga vida... y hasta pienso que va a morir de mala forma y que sus últimos días van a ser bastante desagradables...

le va... *will keep you awake*

ISAÍAS —(*con voz metálica*) Márchese, márchese de aquí.

EL FORASTERO —A mí no me importa ya morir, ¿ve usted? Y, sin embargo, usted desea, fervientemente lo desea, vivir muchos años... ¿cuál de los dos es el que va a sufrir de aquí en adelante?... (*Ríe nerviosamente.*) Es hasta divertido pensarlo... Y ahora me retiro, señor. Esta noche puede dormir, se lo permito. (*Ríe.*) Buenas noches.

Díganos...

1. ¿Qué clase de persona es Isaías Krappo?
2. ¿Qué pasa mientras él está en la sala?
3. ¿Qué aspecto tiene el hombre que viene a hablar con Isaías?
4. ¿Por qué ha tenido que esperar mucho tiempo el forastero para hablar con Isaías?
5. ¿Cuánto tiempo ha estado en la cárcel y por qué?
6. ¿A qué distancia del pueblo ocurrió la tragedia que recuerda el forastero? Relate Ud. lo que ocurrió.
7. ¿A qué ha venido el forastero a casa de Isaías Krappo?
8. ¿Qué cosas le promete el forastero a Isaías?
9. ¿Por qué va a sufrir más Isaías que el forastero de aquí en adelante?
10. ¿Por qué decide el forastero no matar inmediatamente a Isaías?

VOCABULARIO

NOMBRES

el **auxilio**, la **ayuda** help.
la **cajetilla** pack (*of cigarettes*)
el **cigarrillo** cigarette
la **cosa** thing
el **hielo** ice
la **pareja** couple
el **recado, mensaje** message
el **sindicato** union
el (la) **vendedor(a)** salesman, saleswoman

VERBOS

apresurarse to hurry up
descansar to rest
despedir (e > i) to throw out out
fumar to smoke
merecer to deserve

prometer to promise
proporcionar to supply

ADJETIVO

vivo (a) alive

OTRAS PALABRAS Y EXPRESIONES

a lo mejor maybe
a primera hora early in the morning
darle a uno la gana to feel like
de ningún modo, de ninguna manera (in) no way
falta de lack of
no me importa I don't care
ponerse colorado(a) to blush
por poco almost
tener la sartén por el mango to have the upper hand
tomar una decisión to make a decision
volverse loco(a) to go crazy

Palabras y más palabras

Las palabras nuevas que aparecen en las dos selecciones... ¿forman ya parte de su vocabulario? ¡Vamos a ver!

Dé el equivalente de las siguientes palabras o frases.

1. mensaje
2. paquete de cigarrillos
3. persona que vende
4. darse prisa
5. ayuda
6. que vive
7. ponerse rojo
8. temprano por la mañana
9. casi
10. de ninguna manera
11. hacer una promesa
12. agua en estado sólido
13. dar
14. tomar un descanso
15. decidir
16. no me preocupa
17. quizás
18. unión de trabajadores
19. dominar la situación
20. (hacer algo) porque uno quiere
21. ausencia de
22. objeto
23. perder la razón [*mind*]
24. ser digno de

Desde el punto de vista literario

Comente usted...

1. ¿A través de qué conocemos a los personajes de Elvira y Leoncio en la obra «La colmena»?
2. ¿Cuál es la atmósfera general de la selección (en el café, en la casa de Elvira)?
3. ¿Usa el autor el monólogo interior? ¿Con qué propósito?
4. ¿De qué forma contrasta el autor la realidad y la apariencia de lo que es Elvira?
5. ¿Hay ironía al final de la selección? ¿Cómo se consigue?
6. ¿Cuántos puntos de vista puede Ud. encontrar en la selección?
7. ¿Cree Ud. que hay crítica social en la obra de Cela? ¿En qué consiste?

8. ¿A qué género literario pertenece «La mordaza» y cómo la clasifica Ud. dentro de este género?
9. ¿Qué temas aparecen en la selección?
10. ¿Cómo es el lenguaje? ¿Poético? ¿Cotidiano?
11. ¿Qué sabemos sobre los acontecimientos [*happenings*] del pasado por medio del diálogo?
12. Compare Ud. el personaje de Isaías Krappo con el del forastero.
13. Explique Ud. de qué se vale Sastre para crear tensión en la escena.
14. Uno de los temas de Sastre es el de la libertad. ¿Cómo está expresada en la selección esta idea de Sastre?

Composición

Escriba una composición sobre el siguiente tema: *Crimen y castigo. Problemas de las cárceles.*

Plan de trabajo

1. Introducción
   Haga breves comentarios sobre los siguientes problemas:
   a. El contacto entre los que han cometido un crimen no muy serio y los criminales empedernidos [*hardened*]
   b. La cárcel no siempre reeduca al criminal.
   c. Problemas sexuales en las cárceles
   d. Abusos que se cometen en las cárceles
2. Desarrollo
   Discuta las ventajas y desventajas del sistema penal.
3. Conclusión
   Analice todos los aspectos del problema y dé su opinión sobre la mejor forma de castigar el crimen y convertir a los criminales en personas útiles a la sociedad.

PENSAMIENTOS DE HOMBRES ILUSTRES

Sobre la conciencia

Un pueblo sin conciencia es un pueblo muerto.

José Martínez Ruiz (España: 1873–1967)

Ninguna justicia puede prevalecer contra la primera libertad, ínsita[1] a la naturaleza humana, que es la de la conciencia.

Mariano Picón-Salas (Venezuela: 1901–1965)

---

[1]natural

10

RAFAEL SÁNCHEZ FERLOSIO   *(España)(1927–   )*

Aunque Rafael Sánchez Ferlosio sólo ha escrito dos obras — *Industrias y andanzas de Alfanhuí* (1950) y *El Jarama* (1956)—, sobresale como uno de los grandes escritores del siglo XX.

Su primera obra es una novela en la que narra las andanzas[1] de un niño por distintos pueblos de España. En ella se mezclan la realidad del paisaje español y la fantasía de las aventuras.

En *El Jarama*, del cual presentamos una selección, el autor usa la técnica «testimonial», que consiste en representar objetivamente sucesos[2] de la vida cotidiana. En la novela no hay protagonista y la trama es mínima. Los personajes son presentados a través del diálogo. Todo ocurre un domingo cuando un grupo de jóvenes va a pasar el día a orillas del río Jarama.

El Jarama *(Selección adaptada)*

—Anda, cuéntame algo, Tito.

—Que te cuente ¿qué?

—Hombre, algo, lo que quieras, mentiras, es lo mismo. Algo que sea interesante.

—¿Interesante? Dudo que pueda contarte nada, qué idea. ¿De qué tipo? ¿Qué es lo interesante para ti, vamos a ver?

—Tipo aventuras, por ejemplo, tipo amor.

—¡Ay!, amor, —sonreía— ¿Y de qué amor? Hay muchos amores distintos.

—De los que tú quieras. Con tal que sea emocionante.°   *thrilling*

—Pero yo no sé contar cosas románticas, mujer, ¿de dónde quieres que las saque? Para eso te compras una novela.

—¡Bueno! Hasta aquí estoy ya de novelas, hijo mío. Ya he leído bastantes novelas. Además eso ahora, ¿qué importa? Yo quería que me contaras tú algo interesante, aquí en este momento.

Tito estaba sentado, con la espalda contra un árbol; miró al suelo,° hacia Lucita que estaba tumbada° a su izquierda;   *ground / lying down*
apenas le veía lo blanco de los hombros, sobre la lana negra del traje de baño y los brazos unidos por detrás de la nuca.°   *nape*

—¿Y quieres que yo sepa contarte lo que no viene en las novelas? —le dijo—. ¿Qué me vas a pedir? ¿Ahora voy a

---

[1]adventures   [2]happenings

tener más fantasía que los que las escriben? ¡Entonces no estaría trabajando en una tienda!

—Por hacerte hablar, ¿qué más da?,° no cuentes nada. *who cares*
Pues todas las novelas traen lo mismo; tampoco se rompen la cabeza, unas veces Ella es rubia y Él es moreno, y otras Ella es morena y Él es rubio; no tienen casi variación...

Tito se reía:

—¿Y pelirrojos nada? ¿No hay ningún pelirrojo?

—¡Qué tonto eres! Una novela que tenga un pelirrojo, que cosa más desagradable... Si fuera Ella...

—Pues es un pelo bien bonito —se volvía a reír—. ¡Pelo zanahoria!

—Bueno, no te rías más, para ya de reírte. Déjate de eso, anda, escucha, ¿me quieres escuchar?

—Mujer, ¿también te molesta que me ría?

Lucita se incorporaba;° quedó sentada junto a Tito; le dijo: **se...** *was sitting up*

—Que no, si no es eso, es que ya te has reído, ahora a otra cosa. No quería interrumpirte, sólo que tenía ganas de cambiar. Vamos a hablar de otra cosa.

—¿De qué?

—No lo sé, de otra cosa. Tito, de otra cosa, de lo que quieras. Oye, déjame un poco de árbol. No, pero tú no te vayas; cabemos, cabemos los dos juntos.

Se apoyó° contra el árbol, a la izquierda de Tito, hombro *she leaned*
con hombro; dijo él:

—¿Estás ya bien así?

—Sí, Tito, estoy muy bien. Es que yo creo que tumbada me mareaba más. Así estoy mucho mejor —le dio unos golpecitos en el brazo—. Hola.

Tito la miró:

—¿Qué?

—Te saludaba... Estoy aquí.

—Ya te veo.

—Oye, y no me has contado nada. Tito, parece mentira. No has sido capaz de contarme algún cuento para que yo te escuche. Me gusta estar escuchando y que me cuenten y cuenten. Los hombres siempre contáis unas cosas mucho más largas. Yo os envidio lo bien que contáis. Bueno, a ti no. O sí. Porque estoy segura de que tú sabes contar cosas estupendas cuando quieres. Se te nota en la voz.

—Pero ¿qué dices?

—Tienes la voz para eso. Tienes una voz muy bonita. Aunque hablaras en chino° y yo no te entendiera me gustaría es- *Chinese*
cucharte contar.

—Dices cosas muy raras, Lucita —la miró sonriendo.

—¿Raras? Pues bueno, si tú lo dices lo serán. Yo también estoy rara esta noche, y lo veo todo raro a mi alrededor, así que no me choca° si digo cosas raras; cada uno hace lo que puede, ¿no crees? ¡Demasiado hago ya con un tiovivo° metido en la cabeza...!

no... it doesn't shock me
merry-go-round

—Pues lo llevas muy bien, estás muy simpática esta noche.

—¿Esta noche? Sí, claro, porque he bebido un poco, simpatía prestada. Cuando se pase, se acabó. En cuanto baje el vino, vuelta a lo de siempre,° no nos hagamos ilusiones. ¡Ay, ahora qué mareo tengo! Creo que es el tiovivo que se pone en marcha° ¡Qué horror, qué de vueltas, qué mareo ahora de pronto!

vuelta... back to the same thing
se... is starting

—¿Mucho? —Tito se había acercado más a ella poniéndole el brazo encima de los hombros—. Ven, anda, recuéstate contra mí.

—No, no, déjame, Tito, se pasa, pasa en seguida, no merece la pena, es como el oleaje;° viene y se va, viene y se va...

succession of waves

—Tú recuéstate, mujer, ven.

—¡Déjame!, estoy bien aquí, ¿por qué insistes?, ¡estoy bien como estoy...!

Se cubría los ojos y la frente con las manos. Tito dijo:

—Lo decía por tu bien, Lucita. Vamos, ¿se te pasa el mareo? —le ponía una mano en la nuca y le acariciaba° el pelo—. ¿Te sientes mejor? ¿No quieres que te moje un pañuelo en el río? Eso te alivia, ¿voy?

caressed

Lucita negó con la cabeza.

—Bueno, como tú quieras. ¿Ya estás bien?

Ella no dijo nada; giró la cabeza y puso la mejilla° contra la mano que la acariciaba, y deslizó° la cara por todo el brazo hasta esconderla en el cuello de Tito. Lo tenía abrazado y se hizo besar.

cheek
slid

—Soy una fresca,° ¿verdad, Tito?, dirás que soy una fresca.

fresh

—A mí no me preguntes.

—Es culpa tuya... Me dices, recuéstate en mí, me lo repites, ¿ves ahora?, ¿no sabías cómo estoy esta noche?, pues ya me tienes, ya estoy recostada, ¿no ves lo que ocurre?... ¿Qué me habrás dado tú a mí? Oye, otra vez.

Volvieron a besarse y luego Lucita de pronto lo rechazó° violentamente, y se tiró en el suelo. Se puso a llorar.

pushed away

—Pero Lucita, ¿qué te pasa ahora?

Tenía la cara escondida entre las manos. Tito se había agachado° sobre ella y la cogía por un hombro.

bent over

—Déjame, déjame, vete.

—Dime lo que te ocurre, mujer, ¿qué te ha pasado así de pronto?

—Déjame ya, tú no tienes la culpa, tú no me has hecho nada, soy yo..., soy yo la única que tiene la culpa, la que ha hecho el ridículo, el ridículo...

Su voz sonaba rabiosa entre el llanto.

—Pero yo no te entiendo, mujer, ¿de qué ridículo me hablas?

—¿Y más ridículo quieres? ¿Te crees que yo no sé lo que te importo? ¡Ay, qué vergüenza tengo, qué vergüenza tan grande!... olvídate de esto, Tito, por lo que más quieras°... me esconderría, me querría esconder...

por... *for heaven's sake*

Se calló y continuaba llorando bocabajo,° con la cara oculta. Tito no dijo nada; tenía una mano en el hombro de ella.

face down

Díganos...

1. ¿Qué quiere Lucita que haga Tito?
2. ¿Qué dice Lucita de las novelas?
3. ¿Por qué quiere Lucita recostarse contra el árbol?
4. ¿Por qué envidia Lucita a los hombres?
5. ¿Por qué dice Lucita que su simpatía es «prestada»?
6. ¿Qué hace Tito para tratar de consolarla y hacer que se sienta mejor?
7. ¿Por qué llora Lucita y dice que es una fresca?
8. ¿Cuál es la actitud de Tito frente a la actitud de su amiga?

FEDERICO GARCÍA LORCA   *(España) (1898–1936)*

Lorca, además de ser uno de los poetas españoles más conocidos mundialmente, fue un gran dramaturgo. Su carrera como autor teatral fue rápida y brillante. Tanto en la poesía de Lorca como en su obra teatral, el tema central es el amor violento y apasionado que conduce a la muerte. En sus obras dramáticas, la figura central es siempre la mujer, que simboliza la frustración amorosa o maternal.

Entre sus obras más famosas figuran *Bodas de sangre* (1933), *Yerma* (1934) y *La casa de Bernarda Alba* (1936). En esta última, que es la única totalmente escrita en prosa, el autor presenta el choque entre la voluntad de una madre dominante que trata de defender el honor familiar, y sus hijas, anhelantes de amor y de vida. En esta obra, como en las anteriormente citadas, el autor presenta el papel de la mujer en la España de su época.

La casa de Bernarda Alba

(Selección adaptada)

La obra comienza con los comentarios entre las criadas de la casa, del velorio° y entierro del esposo de Bernarda. A través de estas conversaciones, el autor nos da a conocer el carácter° dominante de Bernarda, obsesionada por el qué dirán,° y la situación en que quedan ella y sus cinco hijas solteras: solamente Angustias, la mayor, tiene dote,° y por lo tanto, a pesar de tener cuarenta años y ser fea y enfermiza,° es la única que tiene probabilidades de casarse.

 wake
 personality
 el... *people's opinion*

 dowry
 sickly

En el primer acto se presenta ya a Pepe el Romano, único personaje masculino. Aunque nunca aparece en escena, dicho personaje es el eje° central de la obra, pues es la causa de una ola de celos, odios y envidias entre las hermanas.

 center

ACTO SEGUNDO

(Habitación del interior de la casa de Bernarda. Las puertas de la izquierda dan a los dormitorios. Las hijas de Bernarda están sentadas en sillas bajas, cosiendo. Magdalena borda.° Con ellas está Poncia [la criada].)

 embroiders

ANGUSTIAS	—Ya he cortado la tercera sábana.
MARTIRIO	—Le corresponde a Amelia.
MAGDALENA	—Angustias, ¿hay que poner también las iniciales de Pepe?

ANGUSTIAS	—(*seca*) No.
MAGDALENA	—(*a voces*)° Adela, ¿no vienes?
AMELIA	—Estará acostada.
LA[1] PONCIA	—Ésta tiene algo. La encuentro nerviosa, asustada como si tuviera una lagartija° entre los pechos.°
MARTIRIO	—No tiene ni más ni menos que lo que tenemos todas.
MAGDALENA	—Todas, excepto Angustias.
ANGUSTIAS	—Yo me encuentro bien y al que le duela que reviente.°
MAGDALENA	—Desde luego que hay que reconocer que lo mejor que has tenido siempre es la figura y la delicadeza.°
ANGUSTIAS	—Afortunadamente, pronto voy a salir de este infierno.
MAGDALENA	—¡Es posible que no salgas!
MARTIRIO	—Dejad esa conversación.
ANGUSTIAS	—Y además, ¡más vale onza en el arca que ojos negros en la cara!²
MAGDALENA	—Por un oído me entra por otro me sale.
AMELIA	—(*a Poncia*) Abre la puerta del patio para que nos entre un poco de aire. (*La criada lo hace.*)
MARTIRIO	—Anoche no pude dormir por el calor.
AMELIA	—Yo tampoco.
MAGDALENA	—Yo me levanté a refrescarme. Había unas nubes negras de tormenta y hasta cayeron algunas gotas.
LA PONCIA	—Era la una de la madrugada y había fuego en la tierra. También me levanté yo. Todavía estaba Angustias con Pepe en la ventana.
MAGDALENA	—(*con ironía*) ¿Tan tarde? ¿A qué hora se fue?
ANGUSTIAS	—Magdalena, ¿por qué preguntas si lo viste?
AMELIA	—Se iría a eso de la una y media.
ANGUSTIAS	—¿Sí? ¿Tú cómo lo sabes?
AMELIA	—Lo oí toser y oí los pasos de su caballo.
LA PONCIA	—Pero si yo lo oí irse a eso de las cuatro.
ANGUSTIAS	—No sería él.
LA PONCIA	—Estoy segura de que era él.

loudly

lizard
breasts

que... he can burst

gentleness

---

[1]Sometimes the definite article is used in front of a first name.
[2]it's better to have money saved up than to be beautiful.

AMELIA	—A mí también me pareció.
MAGDALENA	—¡Que cosa más rara! (*Pausa.*)
LA PONCIA	—Oye, Angustias. ¿Qué fue lo que te dijo la primera vez que vino a tu ventana?
ANGUSTIAS	—Nada. ¡Qué me iba a decir! Cosas de conversación.
MARTIRIO	—Verdaderamente es raro que dos personas que no se conocen se vean de pronto en una reja y ya sean novios.
ANGUSTIAS	—Pues a mí no me pareció raro.
AMELIA	—A mí daría no sé qué.°
ANGUSTIAS	—No, porque, cuando un hombre viene a una reja ya sabe por los que van y vienen que se le va a decir que sí.
MARTIRIO	—Bueno: pero él te lo tendría que decir.
ANGUSTIAS	—¡Claro!
AMELIA	—(*curiosa*) ¿Y cómo te lo dijo?
ANGUSTIAS	—Pues nada: ya sabes que ando detrás de ti; necesito una mujer buena, y ésa eres tú si me dices que sí.
AMELIA	—¡A mí me darían vergüenza estas cosas!
ANGUSTIAS	—Y a mí, pero hay que aceptarlas.
LA PONCIA	—¿Y habló más?
ANGUSTIAS	—Sí, siempre habló él.
MARTIRIO	—¿Y tú?
ANGUSTIAS	—Yo no pude decir nada. Casi se me salía el corazón por la boca. Era la primera vez que estaba sola de noche con un hombre.
MAGDALENA	—Y un hombre tan guapo.
ANGUSTIAS	—No tiene mal tipo.°
LA PONCIA	—Esas cosas pasan entre personas educadas, que hablan y dicen y mueven la mano... La primera vez que mi marido Evaristo el Colín vino a mi ventana... Ja, ja, ja.
AMELIA	—¿Qué paso?
LA PONCIA	—Estaba muy oscuro. Lo vi venir y al llegar me dijo buenas noches. Buenas noches, le dije yo, y nos quedamos callados más de media hora. Me corría el sudor por todo el cuerpo. Entonces Evaristo se metió casi entre la reja y dijo con voz muy baja: ¡ven que te tiente!° (*Ríen todas. Amelia se levanta corriendo y espía por una puerta.*)
AMELIA	—¡Ay! Creí que llegaba nuestra madre.
MAGDALENA	—¡Buenas nos hubiera puesto!° (*Siguen riendo.*)

me... *I would feel funny about it*

no... *he's not bad looking*

ven... *let me feel you*

Buenas... *She would have fixed us!*

AMELIA — Chiss... ¡Que nos van a oír!

LA PONCIA — Luego se portó bien. En vez de hacer otras cosas se dedicó a criar pájaros hasta que se murió. A vosotras que sois solteras os conviene saber de todos modos que el hombre a los quince días de boda deja la cama por la mesa y luego la mesa por la taberna y la que no se resigna se muere llorando en un rincón.

AMELIA — Tú lo aceptaste.

LA PONCIA — ¡Yo fui más fuerte que él!

MARTIRIO — ¿Es verdad que le pegaste algunas veces?

LA PONCIA — Sí, y casi lo dejo tuerto.°   *one-eyed*

MAGDALENA — ¡Así debían ser todas las mujeres!

LA PONCIA — Yo he seguido el ejemplo de tu madre. Un día me dijo no sé qué cosa y le maté todos los pájaros. (*Ríen.*)

MAGDALENA — Adela, niña, no te pierdas esto.

AMELIA — Adela. (*Pausa.*)

MAGDALENA — Voy a ver. (*Entra.*)

LA PONCIA — Esa niña está mala.

MARTIRIO — Claro, casi no duerme.

LA PONCIA — Pues ¿qué hace?

MARTIRIO — ¡Yo no sé lo que hace!

LA PONCIA — Mejor lo sabrás tú que yo, que duermes cerca de ella.

ANGUSTIAS — La envidia la come.

AMELIA — No exageres.

ANGUSTIAS — Se lo noto en los ojos. Parece una loca.

MARTIRIO — No habléis de locos. (*Sale Magdalena con Adela.*)

ADELA — Me siento mal.

MARTIRIO — (*con intención*) ¿Es que no has dormido bien anoche?

ADELA — Sí.

MARTIRIO — ¿Entonces?

ADELA — (*fuerte*) ¡Déjame ya! ¡Yo hago con mi cuerpo lo que quiero!

MARTIRIO — ¡Sólo es interés por ti!

ADELA — Interés o inquisición. ¿No estabais cosiendo? Pues seguid. ¡Quisiera ser invisible, pasar por las habitaciones sin que nadie me preguntara a dónde voy!

CRIADA — (*Entra.*) Bernarda os llama. Está el hombre de los encajes. (*Salen. Al salir, Martirio mira fijamente a°* Adela.)   **mira...** *stares at*

ADELA —¡No me mires más! Si quieres te daré mis ojos que son frescos y mis espaldas para que te compongas° la joroba° que tienes, *fix / hump* pero vuelve la cabeza cuando yo paso. (*Se va Martirio.*)

LA PONCIA —¡Adela! ¡Recuerda que es tu hermana y además la que más te quiere!

ADELA —Me sigue a todas partes. A veces entra en mi cuarto para ver si duermo. No me deja respirar. Y siempre, «¡qué lástima de cuerpo, que no vaya a ser para nadie!» ¡Y eso no! Mi cuerpo será de quien yo quiera.

LA PONCIA —(*con intención y en voz baja*) De Pepe el Romano. ¿No es eso?

ADELA —(*asustada*) ¿Qué dices?

LA PONCIA —Lo que digo, Adela.

ADELA —¡Calla!

LA PONCIA —¿Crees que no me he dado cuenta?

ADELA —¡Baja la voz!

LA PONCIA —¡Mata esos pensamientos!

ADELA —¿Qué sabes tú?

LA PONCIA —Las viejas vemos a través de las paredes. ¿A dónde vas de noche cuando te levantas?

ADELA —¡Ciega debías estar!

LA PONCIA —Con la cabeza y las manos llenas de ojos cuando se trata de lo que se trata. Por mucho que pienso no sé lo que quieres hacer. ¿Por qué te desvestiste con la luz encendida° y la ventana abierta al pasar Pepe el segundo día que vino a hablar con tu hermana?

ADELA —¡No es verdad que yo hiciera eso!

LA PONCIA —No seas como los niños chicos. ¡Deja en paz a tu hermana y si Pepe el Romano te gusta te aguantas!° (*Adela llora.*) Además, ¿quién *on* dice que no te puedes casar con él? Tu hermana Angustias es una enferma. Ésa se muere con el primer parto.° Es estrecha de *delivery (of a baby)* cintura,° vieja, y no hay duda de que se mo- *waist* rirá. Entonces Pepe hará lo que hacen todos los viudos en esta tierra: se casará con *te... resign yourself* la más joven, la más hermosa, y ésa eres tú. Ten esperanza, olvídalo, lo que quieras, pero no vayas contra la ley de Dios.

Díganos...

1. Angustias dice: «Más vale onza en el arca que ojos negros en la cara». ¿Qué quiere decir con eso? ¿Confirma la actitud de Pepe el Romano este refrán?
2. ¿Qué comentarios hace la Poncia sobre Adela?
3. ¿Qué discrepancia existe entre Amelia y la Poncia en cuanto a la hora en que se marchó Pepe el Romano?
4. Cuando Pepe el Romano le habla a Angustias en la reja, ¿qué le dice?
5. Según la Poncia, ¿qué les conviene saber a las mujeres solteras?
6. ¿Qué sabemos de Adela y de Martirio?
7. ¿De qué acusa la Poncia a Adela?
8. ¿Cuál es la solución que la Poncia le sugiere a Adela?

VOCABULARIO

NOMBRES

los **celos** jealousy
el **entierro** burial
el **fuego** fire
la **gota** drop
el **infierno** hell
la **lana** wool
la **madrugada** dawn
el **marido** husband
la **mentira** lie
la **nube** cloud
el **rincón** corner (*i.e., in a room*)
la **sábana** sheet

VERBOS

besar(se) to kiss (*each other*)
intentar to try, to attempt
llorar to cry, to weep
marearse to get dizzy
portarse, comportarse to behave
recostarse (o > ue) to lean, to lie down
toser to cough

ADJETIVOS

asustado(a) frightened
ciego(a) blind
oculto(a) hidden
rabioso(a) furious
seco(a) dry
soltero(a) single
viudo(a) widower, widow

OTRAS PALABRAS Y EXPRESIONES

darle vergüenza a uno to feel ashamed
de pronto suddenly
dejar en paz to leave alone
desde luego of course
hacerse ilusiones to dream (*figuratively*)
merecer (valer) la pena to be worthwhile
por lo tanto so
quedarse callado to remain silent
tener ganas de to feel like

Palabras y más palabras

Las palabras nuevas que aparecen en las selecciones, ¿forman ya parte de su vocabulario? ¡Vamos a ver!

Dé el equivalente de lo siguiente.

1. súbitamente
2. escondido
3. tener tos
4. donde vive el diablo
5. no hablar
6. persona que no ve
7. persona a quien se le ha muerto la esposa
8. tratar
9. tener lágrimas en los ojos
10. valer la pena
11. apoyarse en algo
12. opuesto de *verdad*
13. tener deseos de
14. que no se ha casado nunca
15. por supuesto
16. darse besos
17. esquina (en una habitación)
18. que tiene rabia
19. lo que sienten las personas celosas
20. de modo que
21. que tiene temor
22. soñar despierto
23. el comienzo del día
24. acción de enterrar
25. comportarse
26. no molestar
27. ropa de cama
28. material que usamos para hacer suéteres

Desde el punto de vista literario

Comente usted...

1. ¿De qué se vale el autor de «El Jarama» para presentar a sus personajes?
2. ¿A cuál de los personajes conocemos mejor en esta selección? ¿Por qué?
3. Hable de los conflictos emocionales de Lucita reflejados en el diálogo. Dé ejemplos.
4. ¿Qué temas encuentra usted en esta selección?
5. ¿Hay o no descripción de ambiente en esta selección? ¿Es necesaria?
6. ¿Hay un punto culminante? ¿Dónde está?
7. ¿Qué punto de vista usa el autor?
8. ¿Qué tipo de lenguaje usa el autor? ¿Cree usted que es adecuado? ¿Por qué?
9. ¿Cómo clasificaría Ud. la obra de Lorca? ¿Por qué?

10. ¿Cuál es el tema central de la obra y cuáles son los subtemas?
11. ¿Cómo es el lenguaje que usa Lorca en esta obra? Dé ejemplos.
12. Magdalena dice que había nubes negras de tormenta. ¿En qué sentido hay también una tormenta dentro de cada personaje?
13. ¿Cómo logra el autor presentar la tensión que existe entre los personajes? Dé ejemplos.
14. ¿Ve Ud. alguna relación entre el comportamiento de Adela y el hecho de que Pepe el Romano no se fue de la casa a la una y media sino a las cuatro y media?
15. ¿Cuál era el papel de la mujer en la época de Lorca según la obra?

Composición

Escriba una composición sobre el siguiente tema: *Mi novela favorita.*

Plan de trabajo

1. Introducción
   a. Título de la obra
   b. Autor
   c. De qué se trata la obra
2. Desarrollo
   a. Tipo de novela (romántica, realista, etc.)
   b. Tema central y subtemas
   c. Personajes
   d. Lenguaje
   e. Estilo
3. Conclusión
   Razones por las cuales me ha gustado la novela
   a. Estilo
   b. Trama
   c. Desenlace

PENSAMIENTOS DE HOMBRES ILUSTRES

Sobre la filosofía de la vida

Alegría en el dolor es la divisa[1] de los fuertes y el don[2] de los buenos.

José Vasconcelos (México: 1881–1959)

El sol quema con la misma luz con que calienta. El sol tiene manchas. Los desagradecidos no hablan más que de las manchas. Los agradecidos hablan de la luz.

José Martí (Cuba: 1853–1895)

---

[1]banner   [2]gift

11

NELLIE CAMPOBELLO *(México)* *(1913–   )*

La originalidad de esta escritora de la Revolución Mexicana consiste en presentar una visión infantil de las dramáticas y crueles luchas entre las tropas de Villa y Carranza, que ella contempló en su niñez.

Sus novelas están formadas por pequeños cuadros o retratos cuyo conjunto constituye un gran mural de la Revolución Mexicana. Cada narración es como un fresco alegórico. Es original y rompe con todas las tradiciones novelísticas. Trata de escribir como lo haría una niña. En su prosa, casi no usa adjetivos; su literatura es de verbos y sustantivos.

Entre sus novelas principales se encuentran *Cartucho, Las manos de mamá* y *Apuntes sobre la vida militar de Francisco Villa.*

Nacha Ceniceros *(Adaptado)*

Junto a Chihuahua, un gran campamento villista. Todo está quieto y Nacha llora. Estaba enamorada de un muchacho coronel, de apellido Gallardo, de Durango. Ella era coronela y usaba pistola y tenía trenzas.° Había estado llorando al recibir consejos de una soldadera[1] vieja. Se puso en su tienda a limpiar su pistola; estaba muy entretenida cuando se le salió un tiro.

    En otra tienda estaba sentado Gallardo junto a una mesa y platicaba con una mujer; el balazo que se le salió a Nacha en su tienda lo recibió Gallardo en la cabeza y cayó muerto.

    —Han matado a Gallardo, mi general.

    Villa dijo despavorido:°

    —Fusílenlo.

    —Fue una mujer, general.

    —Fusílenla.

    —Nacha Ceniceros.

    —Fusílenla.

    Lloró al amado,° se puso los brazos sobre la cara, se le quedaron las trenzas negras colgadas y recibió la descarga.°

    Hacía una bella figura, inolvidable para todos los que vieron el fusilamiento.

    Hoy existe un hormiguero° en donde dicen que está enterrada.

(De la novela Cartucho)

braids

horrified

beloved
volley

anthill

---

[1]Mujer que acompañaba a las tropas de campamento a campamento.

Díganos...

1. ¿Qué sabemos de Nacha Ceniceros y dónde está?
2. ¿Qué pasó cuando Nacha se puso a limpiar su pistola?
3. ¿Qué ordena el general Villa?
4. Describa el fusilamiento de Nacha Ceniceros.

Las sandías *(Adaptado)*

Mamá dijo que aquel día empezó el sol a quemar desde temprano. Ella iba para Juárez. El sol del norte es fuerte; lo dicen las caras curtidas° de sus hombres. Una columna de jinetes° avanzaba por aquellos llanos; entre Chihuahua y Juárez no había agua, ellos tenían sed, se fueron acercando a la vía del tren.

weatherbeaten / riders

El tren que viene de México a Juárez carga sandías en Santa Rosalía; el general Villa lo supo y se lo dijo a sus hombres; iban a detenerlo; tenían sed, necesitaban las sandías. Así fue como llegaron hasta la vía y al grito de «Viva Villa», detuvieron los convoyes. Villa les gritó a sus muchachos: «Bajen hasta la última sandía y que se vaya el tren.» Todos los pasajeros se quedaron sorprendidos al saber que aquellos hombres no querían otra cosa.

La marcha del tren siguió; yo creo que la cola° del tren con sus pequeños balanceos se hizo un punto en el desierto. Los villistas se quedarían muy contentos; cada uno abrazaba su sandía.

tail

(De la novela *Cartucho*)

Díganos...

1. ¿Por qué atacaron las tropas de Villa el tren que venía de México?
2. ¿Qué orden les da Villa a sus soldados?
3. ¿Por qué quedaron sorprendidos los pasajeros del tren?

MARTÍN LUIS GUZMÁN *(México)* (1887–   )

Martín Luis Guzmán es uno de los escritores más brillantes entre los novelistas que tratan el tema de la Revolución Mexicana de 1910. Sus narraciones presentan sus propias experiencias durante la revolución y sus contactos personales con los grandes líderes. La mayoría de sus personajes no son ficticios, sino históricos. Entre sus novelas principales se encuentran *El águila y la serpiente*, *La sombra del caudillo* y *Memorias de Pancho Villa*.

Su estilo es vigoroso e impresionista. Tiene una técnica pictórica, y su capacidad para presentar «retratos» de personajes reales parece ser superior a su poder para crear caracteres ficticios.

Pancho Villa en la cruz

(Adaptado)

No se dispersaba aún la Convención, cuando ya la guerra había vuelto a empezar. Es decir, que los intereses conciliadores fracasaban en el orden práctico antes que en el teórico. Y fracasaban porque eso era lo que en su mayor parte querían unos y otros. Si había ejércitos y estaban listos, ¿cómo resistir la urgencia tentadora° de ponerlos a pelear?

Maclovio Herrera, en Chihuahua, fue de los primeros en lanzarse° de nuevo al campo, desconociendo la autoridad de Villa.

—Orejón jijo de tal° —decía de él el jefe de la División del Norte —. Pero ¡si yo lo he hecho! ¡Si es mi hijo en las armas! ¿Cómo se atreve a abandonarme así este sordo traidor e ingrato°?

Y fue tanta su ira, que a los pocos días de rebelarse Herrera, las tropas de Villa ya estaban persiguiéndolo para atacarlo.

Las batallas eran terribles: de villistas contra villistas, de huracán contra huracán. Quien no mataba, moría.

• • •

Una de aquellas mañanas fuimos Llorente y yo a visitar al guerrillero, y lo encontramos tan sombrío° que de sólo mirarlo sentimos pánico. A mí el fulgor° de sus ojos me reveló de pronto que los hombres no pertenecemos a una especie

tempting

to rush

hijo... (S.O.B.)

ungrateful

gloomy

fire

116

única, sino a muchas, y que de especie a especie hay, en el género humano, distancias enormes. Fugaz° como un reflejo pasó esa mañana por mi espíritu, frente a frente de Villa, la imagen del terror y del horror.   *fleeting*

A nuestro «buenos días, general,» respondió él con tono lúgubre:°   *lugubrious*

—Buenos no, amiguitos, porque están sobrando muchos sombreros.

Yo no entendí bien el sentido de la frase ni creo que Llorente la entendiera tampoco. Pero mientras éste guardaba el silencio de la verdadera sabiduría,° yo, con inoportunidad estúpida, casi incitadora del crimen, dije: *wisdom*

—¿Están sobrando qué, general?

Él dio un paso hacia mí y me respondió con la lentitud contenida de quien domina apenas su rabia:

—Sobrando muchos sombreros, señor licenciado. ¿De cuándo acá no entiende usté° el lenguaje de los hombres? ¿O   *usted*
es que no sabe que por culpa del Orejón (¡jijo de tal, donde yo lo agarre!...) mis muchachitos están matándose unos a otros? ¿Comprende ahora por qué sobran muchos sombreros? ¿Hablo claro?

Yo me callé inmediatamente.

Villa se paseaba° en el saloncito del vagón° al ritmo interior   *paced / car*
de su ira. Cada tres pasos murmuraba entre dientes:

—Sordo jijo de tal... Sordo jijo de tal...

Varias veces nos miramos Llorente y yo, y luego, sin saber qué hacer ni qué decir, nos sentamos — nos sentamos cerca uno del otro. Afuera brillaba° la mañana, sólo interrumpida   *shone*
en su perfecta unidad por los lejanos ruidos y voces del campamento. En el coche no se oía sino el tic-tiqui del telégrafo.

Sentado a su mesa, frente a nosotros, el telegrafista trabajaba, preciso en sus movimientos, inexpresivo de rostro como sus aparatos.

Así pasaron varios minutos. Al fin de éstos el telegrafista, ocupado antes en trasmitir, dijo, volviéndose a su jefe:

—Parece que ya está aquí, mi general.

Y tomó el lápiz que tenía detrás de la oreja y se puso a escribir lentamente.

Entonces Villa se acercó a la mesita de los aparatos, con aire a un tiempo agitado y glacial, impaciente y tranquilo, vengativo y desdeñoso.°   *disdainful*

Parado entre el telegrafista y nosotros, yo lo veía de perfil. Veía su silueta contra la luz de las ventanillas, de un lado las curvas enérgicas de la quijada° y del brazo doblado sobre el   *jaw* pecho, y del otro el trazo° de la culata° de la pistola. Visto de cerca y contra la claridad del día, su estatura aumentaba enormemente; su cuerpo cerraba el paso° a toda luz. *outline / butt*

entrance

El telegrafista tomó del bloque color de rosa el papel en que había estado escribiendo y le entregó a Villa el mensaje. Él lo tomó, pero devolviéndolo en seguida, dijo:

—Léamelo usté, amigo; pero léamelo bien, porque ahora sí creo que la cosa va de veras.

Había en su voz una sombría emoción, tan amenazadora° que pasó luego a reflejarse en la voz del telegrafista. Éste, separando con cuidado las palabras, leyó al principio en voz baja: *threatening*

«Tengo el honor de comunicarle a usted...»

Y después fue elevando el tono a medida que progresaba la lectura.

El mensaje, lacónico y terrible, era el parte de la derrota° que acababan de sufrir las tropas de Maclovio Herrera. *defeat*

Al oírlo Villa, su rostro pareció, por un instante, pasar de la sombra a la luz. Pero en seguida, al escuchar las frases finales, le llamearon° otra vez los ojos. Y era que el jefe de la columna, después de enumerar sus bajas° en muertos y heridos, terminaba pidiendo instrucciones sobre lo que debía hacer con ciento sesenta soldados de Herrera que se le habían rendido. *blazed* / *casualties*

—¡Que ¿qué hace con ellos?! —gritaba Villa—. ¡Pues ¿qué va a hacer sino fusilarlos?!° ¡Qué pregunta! ¡Me parece que todos se me están maleando,° hasta los mejores, hasta los más leales° y seguros! Y si no, ¿pa° qué quiero yo estos generales que hacen boruca° hasta con los traidores que caen en sus manos? *shoot them* / *spoiling* / *loyal* / para / *noise*

Volviéndose hacia nosotros, continuó:

—¿Qué les parece a ustedes, señores licenciados? ¡Preguntarme a mí lo que hace con los prisioneros!

Pero Llorente y yo, mirándolo apenas, no le contestamos.

Aquello era lo de menos para Villa. Volviéndose al telegrafista le ordenó por último:

—Ándele,° amigo. Dígale pronto a ese jijo de tal que no me ande gastando los telégrafos; que fusile a los ciento sesenta prisioneros inmediatamente, y que si dentro de una hora no me avisa que la orden está cumplida, voy allá yo mismo y lo fusilo para que aprenda a manejarse.° ¿Me ha entendido bien? *go on*

to handle himself

—Sí, mi general.

Y el telegrafista se puso a escribir el mensaje para trasmitirlo. Villa lo interrumpió a la primera palabra:

—¿Qué hace, pues, que no me obedece?

—Estoy redactando° el mensaje, mi general.   *writing*

—¡Qué redactando ni qué redactando! Usté comunique lo
que yo le digo y sanseacabó.° El tiempo no se hizo para   *that's it*
perderlo en papeles.

Entonces el telegrafista puso la mano derecha sobre el
aparato trasmisor; empujó con el dedo la manivela anexa, y
se puso a llamar:

«Tic-tic, tiqui; tic-tic, tiqui...»

Entre los papeles y el brazo de Villa veía yo los nudillos°   *knuckles*
de la mano del telegrafista, pálidos y nerviosos bajo la contracción de los tendones al producir los sonidos homicidas.
Villa no apartaba los ojos del movimiento que estaba tras-
mitiendo sus órdenes doscientas leguas° al norte, ni nosotros   *leagues*
tampoco. Yo, no sé por qué necesidad — estúpida como las
de los sueños —, trataba de adivinar el momento preciso en
que las vibraciones de los dedos deletreaban las palabras
«fusile usted inmediatamente». Fue aquella, durante cinco
minutos, una terrible obsesión que barrió de mi conciencia
toda otra realidad inmediata, toda otra noción de ser.

• • •

Cuando el telegrafista terminó la trasmisión del mensaje,
Villa, ya más tranquilo, se fue a sentar en el sillón próximo al
escritorio.

Allí se mantuvo quieto por breve rato. Luego se rascó el
cráneo, como queriendo matar una comezón° interna, cere-   *itching*
bral — comezón del alma. Después volvió a quedarse quieto.
Inmóviles nosotros, callados, lo mirábamos.

Pasaron unos diez minutos.

Súbitamente se volvió Villa hacia mí y me dijo:

—¿Y a usté qué le parece todo esto, amigo?

Dominado por el temor, dije:

—¿A mí, general?

—Sí, amiguito, a usté.

Entonces acorralado,° pero decidido a usar el lenguaje de   *cornered*
los hombres, respondí ambiguo:

—Pues que van a sobrar muchos sombreros, general.

—¡Bah! ¡A quién se lo dice! Pero no es eso lo que le pregunto, sino las consecuencias. ¿Cree usté que esté bien, o
mal, esto de la fusilada?

Llorente, más intrépido, habló primero:

—A mí, general —dijo—, para serle franco, no me parece
bien la orden.

Yo cerré los ojos. Estaba seguro de que Villa, levantándose

del asiento, o sin levantarse siquiera, iba a sacar la pistola para castigar esa reprobación de su conducta en algo que era tan importante para él. Pero pasaron varios segundos, y después oí que Villa, desde su sitio, preguntaba con voz cuya calma se oponía extrañamente a la tempestad de poco antes:

—A ver, a ver: dígame por qué no le parece bien mi orden.

Llorente estaba pálido, pero respondió con firmeza:

—Porque el parte dice, general, que los ciento sesenta hombres se rindieron.

—Sí. ¿Y qué?

—Que cogidos así, no se les debe matar.

—Y ¿por qué?

—Por eso mismo, general; porque se han rendido.

—¡Ah, qué amigo éste! ¡Pos° sí que me cae en gracia!° ¿Dónde le enseñaron esas cosas?   pues / *that's funny*

La vergüenza de mi silencio me abrumaba.° Intervine: *oppressed*

—Yo —dije —creo lo mismo, general. Me parece que Llorente tiene razón.

Villa nos miró a los dos.

—Y ¿por qué le parece eso, amigo?

—Ya lo explicó Llorente: porque los hombres se rindieron.

—Y vuelvo a decirle: ¿Qué tiene que ver que se hayan rendido?

El *qué* lo pronunciaba con acento de interrogación absoluta. Esta última vez, al decirlo, reveló ya cierta inquietud que le hizo abrir más los ojos para envolvernos mejor en su mirada. Yo sentía el peso de la mirada fría y cruel, y el impulso inexplicable que me daban las visiones de remotos fusilamientos° en masa. Era urgente dar con una fórmula. Intentándolo, expliqué: *executions*

—El que se rinde, general, perdona por eso la vida de otro, o de otros, porque renuncia a morir matando. Y siendo así, el que acepta la rendición queda obligado a no condenar a muerte.

Villa se detuvo entonces a contemplarme atentamente. Luego se levantó de un salto y le dijo al telegrafista, gritando casi:

—Oiga, amigo; llame otra vez, llame otra vez...

El telegrafista obedeció:

«Tic-tic, tiqui; tic-tic, tiqui...»

Pasaron unos cuantos segundos. Villa, sin esperar, interrogó impaciente:

—¿Le contestan?

—Estoy llamando, mi general.

Llorente y yo tampoco logramos ya contenernos y nos acercamos también a la mesa de los aparatos.

Volvió Villa a preguntar:

—¿Le contestan?

—Todavía no, mi general.

—Llame más fuerte.

No podía el telegrafista llamar más fuerte ni más suave; pero se notó, en la contracción de los dedos, que trataba de hacer más fina, más clara, más exacta la fisonomía de las letras. Hubo un breve silencio, y al rato se oyó seco y lejanísimo, el tiquitiqui del aparato receptor.

—Ya están respondiendo —dijo el telegrafista.

—Bueno, amigo, bueno. Trasmita, pues, sin perder tiempo, lo que voy a decirle. Fíjese bien: «Suspenda fusilamiento prisioneros hasta nueva orden. El general Francisco Villa..»

«Tic, tiqui, tiqui, tic...»

—¿Ya?

«Tic-tiqui; tiqui-tic...»

—... Ya, mi general.

—Ahora dígale al telegrafista de allá que estoy aquí junto al aparato esperando la respuesta, y que lo hago responsable de la menor tardanza.

«Tiqui, tiqui, tic-tic, tiqui-tic, tic...»

—¿Ya?

—... Ya, mi general.

El aparato receptor sonó:

«Tic, tiqui-tiqui, tic, tiqui...»

—... ¿Qué dice?

—... Que va él mismo a entregar el telegrama y a traer la respuesta...

Los tres nos quedamos en pie junto a la mesa del telégrafo: Villa extrañamente inquieto; Llorente y yo dominados, enervados por la ansiedad.

Pasaron diez minutos.

«Tic-tiqui, tic, tiqui-tic...»

—¿Ya le responde?

—No es él, mi general. Llama otra oficina...

Villa sacó el reloj y preguntó:

—¿Cuánto tiempo hace que telegrafiamos la primera orden?

—Unos veinticinco minutos, mi general.

Volviéndose entonces hacia mí, me dijo Villa, no sé por qué a mí precisamente:

—¿Llegará a tiempo la contraorden? ¿Usted qué cree?

—Espero que llegue, general.

«Tic-tiqui-tic, tic...»

—¿Le responden, amigo?

—No, mi general, es otro.

Iba acentuándose por momentos, en la voz de Villa, una vibración que hasta entonces nunca le había oído: armónicos, velados por la emoción, más hondos° cada vez que él preguntaba si los tiquis-tiquis eran respuesta a la contraorden. Tenía fijos los ojos en la barrita del aparato receptor, y, en cuanto éste iniciaba el menor movimiento, decía, como sintiendo sobre él la electricidad de los alambres:°

    deep

    wires

—¿Es él?

—No, mi general: habla otro.

Veinte minutos habían pasado desde el envío de la contraorden cuando el telegrafista contestó al fin:

—Ahora están llamando—. Y cogió el lápiz.

«Tic, tic, tiqui...»

Villa se inclinó más sobre la mesa. Yo fui a situarme junto al telegrafista para ir leyendo para mí lo que éste escribía.

«Tiqui-tic-tiqui, tiqui-tiqui...»

A la tercera línea, Villa no pudo dominar su impaciencia y me preguntó:

—¿Llegó a tiempo la contraorden?

Yo, sin apartar los ojos de lo que el telegrafista escribía, hice con la cabeza señales de que sí, lo cual confirmé en seguida de palabra.

Villa sacó su pañuelo y se lo pasó por la frente para enjugarse el sudor.°

    enjugarse... *wipe the perspiration*

• • •

Esa tarde comimos con él; pero durante todo el tiempo que pasamos juntos no volvió a hablarse del suceso° de la mañana. Sólo al despedirnos, por la noche, Villa nos dijo, sin entrar en explicaciones:

    happening

—Y muchas gracias, amigos, muchas gracias por lo del telegrama, por lo de los prisioneros... Si no hubiera sido por ustedes...

(De *El águila y la serpiente*)

Díganos...

1. ¿Por qué está furioso Villa con Maclovio Herrera?
2. ¿Qué quiere decir Villa con la expresión «Están sobrando muchos sombreros»?

3. ¿Qué sabe Ud. sobre Pancho Villa?
4. ¿Qué dice el mensaje que recibe el telegrafista?
5. ¿Cómo reacciona Villa ante la pregunta del jefe de la columna?
6. ¿Qué ordena Villa que hagan con los prisioneros?
7. ¿Qué opinión tienen Llorente y el autor sobre la orden de Villa y qué tratan de hacer al respecto?
8. ¿Por qué dice Guzmán que debe perdonársele la vida al que se rinde?
9. ¿Qué efecto tienen las palabras de Guzmán en Villa?
10. ¿Por qué les da Villa las gracias a Llorente y a Guzmán?

VOCABULARIO

NOMBRES

el **apellido**   surname
el **ejército**   army
la **lectura**   reading
el **llano**   plain
el **peso**   weight
el **rostro**   face
la **sandía**   watermelon
el (la) **sordo(a)**   deaf person
la **tardanza**   delay
el **temor**   fear
el **tiro**   shot
la **vía**   track

VERBOS

abrazar   to hug, to embrace
barrer   to sweep
callarse   to keep quiet
cargar   to load
castigar   to punish

despedirse (e > i)   to say goodbye
enterrar (e > ie)   to bury
fijarse   to notice, to pay attention
fracasar   to fail
platicar   to talk
rendirse (e > i)   to surrender
sobrar   to be left over

ADJETIVOS

inolvidable   unforgettable
parado(a)   standing
quieto(a)   still

OTRAS PALABRAS Y EXPRESIONES

a medida que   as
estar enamorado(a) de   to be in love with
dar un paso   to take a step
ponerse a + *infinitive*   to start (*doing something*)

Palabras y más palabras

Las palabras nuevas que aparecen en las selecciones... ¿forman ya parte de su vocabulario? ¡Vamos a ver!

Complete las siguientes oraciones usando las palabras del vocabulario.

1. La sandía era muy grande y aunque todos comimos, ____ la mitad.
2. Llegó muy tarde y lo castigaron por la ____ .
3. Todos los niños platican, pero cuando le preguntan algo a Jaime, él se ____ . Es porque no los oye; es ____ .
4. Se rindió cuando recibió un ____ en la pierna.

5. Estoy enamorada de un muchacho peruano. Se llama Carlos y su ____ es Rodríguez.
6. El ejército ____ en su intento de tomar la ciudad.
7. Se puso a caminar por la ____ del tren.
8. Al despedirnos nos ____ y su ____ se llenó de lágrimas.
9. ____ que nos acercábamos al llano, veíamos un paisaje más árido.
10. Estábamos tan cansados que no podíamos ____ más y nos sentamos.
11. Está ____ en la esquina esperando el ómnibus.
12. Murió ayer y lo van a ____ mañana.
13. Ellos van a ____ las sandías en el camión.
14. Fíjense qué gordo estoy. Tengo que perder ____ . ¡ ____ cuánto peso!
15. Los niños no dejan de jugar. Nunca están ____ .
16. El piso está muy sucio; lo voy a ____ .

Desde el punto de vista literario

Comente usted...

1. ¿Cómo es el estilo literario que usa Nellie Campobello?
2. ¿Qué importancia tiene el calor en el relato «Las sandías»?
3. ¿Cómo es el lenguaje de Martín Luis Guzmán? Dé ejemplos.
4. ¿Qué importancia tiene el telégrafo en el relato «Pancho Villa en la cruz»?
5. ¿Qué imágenes usa Martín Luis Guzmán para describir a Villa?
6. ¿Qué cambio ve usted en el personaje de Pancho Villa?
7. ¿Cuál el el tema principal de cada selección y cuáles son los subtemas?
8. ¿Cómo clasificaría usted las novelas de los dos autores y por qué?
9. ¿Desde qué punto de vista están contados ambos relatos?
10. ¿Qué tienen en común las dos obras?

Composición

Escriba una composición sobre el siguiente tema: *La revolución.*

Plan de trabajo

1. Introducción
   ¿Cuáles son las causas de una revolución?

2. Desarrollo
   a. ¿Se pueden justificar las revoluciones?
   b. Las consecuencias de la revolución.

3. Conclusión
   ¿Qué se puede hacer para evitar las revoluciones?

PENSAMIENTOS DE HOMBRES ILUSTRES

Sobre la dignidad humana

La dignidad humana exige que se piense en el futuro y se trabaje para él.

José Enrique Rodó (Uruguay: 1871–1917)

El hombre es un fin, no un medio. La civilización toda se endereza[1] al hombre, a cada hombre, a cada yo.

Miguel de Unamuno (España: 1864–1936)

---

[1]dedicates itself

12

JULIO CORTÁZAR *(Argentina)(1914–   )*

Julio Cortázar, novelista y cuentista argentino, nació en 1914. Sus obras han sido traducidas a innumerables idiomas.

Toda la obra de este escritor denota una constante preocupación por la búsqueda de lo auténtico, y alrededor de esta idea giran[1] sus temas.

Cortázar se rebela contra todo lo que sea automático, rutinario o artificial. Para luchar contra estos males, propone la creatividad, el humor y, sobre todo, la capacidad de ver la vida como la ve un niño, descubriéndola de nuevo cada día.

Entre sus novelas — *Los premios*[2] (1960), *Rayuela*[3] (1963) y *Libro de Manuel* (1973) — se destaca la segunda, considerada como la más importante hasta la fecha.

Escribió también poesía, una colección de cuentos fantásticos titulada *Bestiario* (1951) y otras colecciones como *Final de juego* (1956) y *Las armas secretas* (1959). En esta última colección figura «El perseguidor», considerado por muchos críticos como su mejor cuento.

Los amigos *(Adaptado)*

En ese juego todo tenía que andar rápido. Cuando el Número Uno decidió que había que liquidar° a Romero y que el Número Tres se encargaría del trabajo, Beltrán recibió la información pocos minutos más tarde. Tranquilo pero sin perder un instante, salió del café de Corrientes y Libertad y tomó un taxi. Mientras se bañaba en su apartamento, escuchando las noticias, se acordó de que había visto por última vez a Romero en San Isidro, un día de mala suerte en las carreras. En esa época Romero era un tal° Romero, y él un tal Beltrán; buenos amigos antes de que la vida los llevara por caminos tan distintos. Sonrió casi sin ganas, pensando en la cara que pondría Romero al encontrárselo de nuevo, pero la cara de Romero no tenía ninguna importancia y en cambio había que pensar despacio en la cuestión del café y del auto. Era curioso que al Número Uno se le hubiera ocurrido hacer matar a Romero en el café de Cochabamba y Piedras, y a esa hora; se decía, y quizás era cierto, que el Número Uno ya estaba un poco viejo. De todos modos la estupidez de la orden le daba una ventaja: podía sacar el auto del garaje, estacionarlo con el motor en marcha por el lado de Cocha-

kill

un... a

---

[1]revolve   [2]the prizes   [3]hopscotch

bamba, y quedarse esperando a que Romero llegara como siempre a encontrarse con los amigos a eso de las siete de la tarde. Si todo salía bien evitaría que Romero entrara en el café, y al mismo tiempo que los del café vieran o sospecharan su intervención. Era cosa de suerte° y de cálculo, un simple gesto (que Romero no dejaría de ver° porque era un lince°), y saber meterse en el tráfico y dar la vuelta a toda máquina.° Si los dos hacían las cosas como era debido — y Beltrán estaba tan seguro de Romero como de él mismo — todo quedaría terminado en un momento. Volvió a sonreír pensando en la cara del Número Uno cuando más tarde, bastante más tarde, lo llamara desde algún teléfono público para informarle de lo sucedido.

era... it was a matter of luck
no... was sure to see
lynx (sharp)
dar... turn around at full speed

Vistiéndose despacio, acabó el cigarrillo y se miró un momento al espejo. Antes de apagar las luces comprobó que todo estaba en orden. Los gallegos° del garaje le tenían el Ford como una seda. Bajó por Chacabuco, despacio, y a las siete menos diez se estacionó a unos metros de la puerta del café, después de dar dos vueltas a la manzana° esperando que un camión que estaba estacionado allí le dejara el lugar. De cuando en cuando apretaba un poco el acelerador para mantener el motor caliente; no quería fumar, pero sentía la boca seca y le daba rabia.

people from Galicia

dar... going around the block twice

A las siete menos cinco vio venir a Romero por la acera de enfrente; lo reconoció en seguida por el sombrero gris y el saco cruzado. Con una ojeada° al café calculó lo que le tomaría cruzar la calle y llegar hasta ahí. Pero a Romero no podía pasarle nada a tanta distancia del café; era preferible que cruzara la calle y subiera a la acera. Exactamente en ese momento, Beltrán puso el coche en marcha y sacó el brazo por la ventanilla. Tal como había calculado, Romero lo vio y se detuvo sorprendido. La primera bala le dio entre los ojos, después Beltrán tiró al montón° que se caía. El Ford salió en diagonal y dio la vuelta por Tacuarí. Manejando sin apuro el Número Tres pensó que la última visión de Romero había sido la de un tal Beltrán, un amigo del hipódromo° en otros tiempos.

quick glance

heap

racetrack

Díganos...

1. ¿Qué decidió el Número Uno y quién se encargaría del trabajo?
2. ¿Qué hizo Beltrán al recibir la información?
3. ¿De qué se acordó mientras se bañaba y escuchaba las noticias?
4. ¿Dónde quería el Número Uno que mataran a Romero y qué ventaja le daba a Beltrán la orden?

5. ¿Habían arreglado bien los gallegos el coche de Beltrán? ¿Cómo lo sabe?
6. ¿Qué hacía Beltrán mientras esperaba y cómo se sentía?
7. ¿A qué hora llegó Romero y cómo lo reconoció Beltrán?
8. ¿Qué hizo Romero cuando vio a Beltrán?
9. ¿Dónde le dio la primera bala?
10. ¿Qué pensó el Número Tres mientras manejaba su coche?

Una entrevista con Ernesto Sábato

(Selección adaptada)

[Sábato] —Mi niñez fue triste. Fui un chico tímido y des-
orientado. Desde chico me fui metiendo en mi soledad;
aprendí dolorosamente lo que es dormir en una habitación
llena de sombras° que se mueven. Éramos muchos her-   *shadows*
manos, y a los dos últimos, Arturo y yo, mamá nos encerró,°   *locked up*
literalmente hablando. Puedo decir que en mi niñez vi la
vida desde una ventana. Había tanta diferencia de edad con
los hermanos mayores que casi podían ser nuestros padres.
En mi niñez aparecen las sombras, mi soledad.[1] Echar esa
angustia acumulada para afuera fue la base de mi vocación de
escritor.

· · ·

—*¿Cómo eran sus padres?*
—Mamá era una mujer excepcional, más inteligente que
papá. Él era más artista, una familia clásica.
—*¿Leía mucho?*
—Sí, y desordenadamente, porque tampoco nadie se
ocupó de eso. Sufrí de sonambulismo hasta que me fui de
casa. Eso es muy significativo. Tuvimos una educación terrible, espartana...
—*¿Qué hacía sonámbulo?*
—Andaba por la casa, iba a tomar agua, al dormitorio de
mis padres; llamaba a mi madre. Sí, creo que la severidad con
que nos educaron agravó todo aquello.
—*¿Un ejemplo de la severidad?*
—No se podía llorar en casa. Todavía me acuerdo de Ar-
turo, el menor, lloriqueando° detrás de una puerta para que   *whining*
no lo vieran.

---

[1]The use of the present tense in this sentence is a stylistic device that is intended to make Sábato's
emotion as vivid to the reader as it is to the author.

—*¿Qué soñaba?*

—Pesadillas, y tenía alucinaciones. Arturo y yo dormíamos en el último cuarto de esas casas de tres patios, y cuando los mayores salían quedábamos separados por dos o tres cuartos del dormitorio de mis padres, que estaba adelante. Pasábamos horas, o nos parecían horas, de terribles alucinaciones, entre el sueño y la realidad... Nos tapábamos° con frazadas; yo sentía que venía gente con faroles° a examinarnos o tocarnos. Era horrible.

nos... *we covered up*
lanterns

—*¿No recuerda nada que le guste de su infancia?*

—Sí, recuerdo, y la añoro, quizás porque la vida me parece cada vez más dura y los chicos, a pesar de todo, están protegidos por un mundo interior y mágico que luego se pierde. Lo que recuerdo, lo que me vuelve en momentos de tristeza, ¿qué es...? Caminar alguna vez sin zapatos por el barro de las calles sin asfalto... La lluvia, el olor a tierra mojada... Los colores en los días de otoño, esos colores delicados que tiene la pampa, con los cielos grises...

—*Usted de chico pintaba; ¿qué colores le gustan más?*

—Depende de mi estado de ánimo. En general, me gustan todos. Depende de la combinación. Por ejemplo, a mí me gustan mucho el marrón, el violeta, el azul violeta y el negro, pero si se unen como en aquel cuadro delirante de Van Gogh, con cuervos sobre un cielo cobalto y un campo de hierba seca, entonces el color asume su máxima potencia. Pasa con las palabras. Es como si me preguntaran qué palabra me gusta más. Hay palabras muy humildes, como árbol, caballo, cielo y lluvia, pero si con ellas se puede componer un poema, entonces alcanzan la belleza. Con palabras tan simples como las que he mencionado, poetas como Vallejo, Antonio Machado o nuestro Ricardo Güiraldes han compuesto fragmentos de una gran belleza.

—*Y por saber usar las palabras se reconoce a un gran escritor.*

—Exacto. Para mí, un gran escritor es aquél que con palabras muy chiquitas puede llegar a hacer cosas muy grandes.

(De Rojas, su pueblo natal, pasa a Buenos Aires, donde a los quince años se gradúa de bachiller y elige una inesperada carrera: físico-matemática... En política, se inclina al anarquismo.)

—*Usted parece tener mucha simpatía por el anarquismo.*

—Es cierto. Desde estudiante la tuve, y después de muchas vicisitudes, he vuelto a ello. Generalmente, se tiene una idea equivocada del anarquismo. Hombres superiores piensan en el anarquismo. Malatesta, Camus, Herbert Read o Bertrand Russell son los ejemplos clásicos.

—*¿Cuál es el cambio que usted propone?*

—El mundo debe cambiar, y de eso no hay duda. Los pueblos más pobres deben obtener la justicia social. Pero ¡cuidado!, para luchar por esa justicia no necesariamente hay que ser marxista.

—*¿Usted sacrificaría la libertad individual como el precio de la justicia social?*

—De ninguna manera. Digo justicia social y liberación de los pueblos oprimidos.° Pero, recordando en cada momento   *oppressed* que no debemos intentarla sacrificando la libertad individual, que es la más alta libertad de los seres humanos.

—*¿Cuál es su arma como escritor?*

—Tener el coraje de dar testimonio por la verdad. No caer jamás en ningún extremo. Jamás a la izquierda, jamás a la derecha.

• • •

(Durante los años treinta recibe una beca para perfeccionarse en radiaciones atómicas en el Laboratorio Curie, en París. Curiosamente, fue durante esa época cuando abandonó la ciencia.)

—Empecé a alejarme de la física en 1938. Estaba en París, estudiando en el Laboratorio Curie. Era un momento histórico, porque ese año se produjo la ruptura del átomo de uranio, que iba a desencadenar° la energía atómica. Más que   *unchain* un sentido histórico, yo le doy un significado apocalíptico. Los físicos desencadenaron una fuerza terrible. La energía atómica, en particular la bomba de Hiroshima, es un anuncio del Apocalipsis. La degradación de la Naturaleza, la catástrofe ecológica, la transformación del hombre en robot, la alienación total de esta civilización en la que estamos viviendo. La manía tecnolátrica, más que tecnológica. La idolatría de la ciencia...

—*¿Realmente cree usted que abandonó la física porque se logró desintegrar el átomo de uranio?*

—Sí, sin duda. Pensé que la ciencia era culpable de una catástrofe espiritual. Comprendí que mi destino no lo iba a encontrar por ese camino. Me fui al otro extremo, al arte, que trabaja con las potencias integrales del hombre. En cambio, el científico trabaja con su cerebro, y así nos está yendo...°   *y... and look how it's going for us*

(Entre los años 1944 y 1947, Sábato tiene muchos problemas económicos. En el año 1947 recibe un puesto en la

UNESCO (París) que resuelve en parte su situación financiera, pero los dólares que recibe no bastan para recompensarle por su aburrimiento burocrático, y un año más tarde regresa a Buenos Aires. Allí termina su novela *El túnel*, que fue publicada en 1948 y tuvo un éxito extraordinario. En 1951 ya no hay dudas, es uno de los escritores argentinos más importantes.)

—*¿Qué escritores han influido más sobre usted?*

—Reconozco la influencia de los rusos, la de Proust, la de Kafka y la de Faulkner. Entre los argentinos, lo que me sirvió estilísticamente en mis comienzos, y creo que a todos nosotros, ha sido Borges.

—*¿Le es muy difícil escribir?*

—Sí, no soy un escritor profesional como lo son Moravia o Vargas Llosa, que escriben todos los días y por reloj. Felices de ellos...

—*¿Por qué eligió la novela?*

—Porque la novela presenta seres concretos, con sus ambigüedades y contradicciones, no abstracciones.

• • •

(Durante diez años, Sábato no escribe ni una sola línea, pero en 1961 comienza a escribir de nuevo. Dos años después ha terminado su novela *Sobre héroes y tumbas*. Su gran obra está escrita.)

• • •

—*¿Qué me dice Ud. de su novela* Abaddon, el exterminador? *¿Otra vez el apocalipsis?*

—Sí, de allí tomé este nombre del demonio. La novela es rara; además, yo figuro como personaje.

• • •

Esta novela se parece más a una pesadilla que a una novela. No es nada agradable.° No fue agradable escribirla, y tampoco es agradable leerla. Esto se lo digo yo a todos para que no la compren.

no... it's not pleasant at all

• • •

—*Algo más, don Ernesto. Usted dice que el hombre no tiene por qué elegir entre dos calamidades, definiendo de esta manera tanto al comunismo como al capitalismo; ¿qué entonces? ¿Cuál es su ideal?*

—La formidable crisis del hombre, esta crisis total, está sirviendo al menos para reconsiderar los modelos. Y no es ca-

sualidad que en diferentes partes del mundo empiece a reinvindicarse otro tipo de socialismo... que ponga la técnica y la
ciencia al servicio del hombre y no como está sucediendo,
que el hombre está al servicio de ellas. Un socialismo descentralizado que evite los terribles males del superestado,
de la policía secreta y de los campos de concentración...

—*¿No es una utopía?*

—Muchos me hacen esa misma observación, y yo les respondo que las utopías no son otra cosa que futuras realidades.

(De la revista Vanidades)

Díganos...

1. Hable usted de las experiencias dolorosas sufridas por Ernesto Sábato durante su infancia.
2. ¿Qué recuerdos buenos tiene el escritor argentino de su niñez?
3. ¿Qué dice Sábato sobre los colores, y cuáles son sus favoritos?
4. ¿Qué ideas tiene el escritor sobre la importancia de las palabras?
5. Sábato piensa que el mundo debe cambiar. ¿Cuáles son sus ideas al respecto?
6. Según Sábato, ¿cuál es la obligación del escritor?
7. Ernesto Sábato es también científico. ¿Por qué abandonó la ciencia?
8. ¿Qué obra marca su fama internacional como escritor?
9. ¿Qué autores han influido más en su obra?
10. ¿Por qué eligió el género novelístico y cuál es su obra maestra?
11. ¿Qué dice el autor sobre su novela *Abaddon, el exterminador*?
12. ¿Qué clase de socialismo propone el autor?

VOCABULARIO

NOMBRES

el **aburrimiento** boredom
la **acera** sidewalk
el **barro,** el **fango** mud
la **beca** scholarship
la **belleza** beauty
el **camino** road
el **camión** truck
la **carrera** race
la **casualidad** coincidence
el **cuervo** raven
el (la) **escritor(a)** writer

el **estado de ánimo** mood
el **éxito** success
el **gesto** gesture
el **mal** evil
la **niñez** childhood
la **pesadilla** nightmare
el **pueblo natal** hometown
la **seda** silk, anything running smoothly (*fig.*)
el **ser humano** human being
la **ventaja** advantage

VERBOS

añorar   to miss
echar   to throw out

ADJETIVOS

culpable   guilty
mojado(a)   wet

tranquilo(a)   calm, peaceful

OTRAS PALABRAS Y EXPRESIONES

adelante   in front
¡cuidado!   be careful!
darle rabia a uno   to make one angry
sin apuro   unhurriedly
sin ganas   unwillingly

Palabras y más palabras

Las palabras nuevas que aparecen en las selecciones... ¿forman ya parte de su vocabulario? ¡Vamos a ver!

Dé Ud. el equivalente de lo siguiente.

1. mal sueño
2. los primeros años en la vida de una persona
3. opuesto de *desventaja*
4. autor
5. ayuda monetaria que se le da a un estudiante
6. hermosura
7. lugar de nacimiento
8. triunfo
9. parte de la calle por donde se camina
10. fango
11. opuesto de *diversión*
12. opuesto de *el bien*
13. echar de menos
14. pájaro negro que figura en un poema de Poe
15. calmado
16. opuesto de *seco*
17. que tiene la culpa
18. opuesto de *atrás*
19. sin deseos
20. causarle furia a uno
21. despacio
22. tipo de vehículo
23. competencia para ver cuál es más rápido
24. persona

Desde el punto de vista literario

Comente usted...

1. Cortázar comienza el relato sin darnos ninguna información previa. ¿Qué logra el autor con esta técnica?

2. ¿Cuál es el tema principal del cuento? ¿Los subtemas?

3. ¿Desde qué punto de vista está narrado el cuento? ¿Le da esto más realidad? ¿Cómo?

4. ¿Cómo es el lenguaje del cuento? ¿Qué vocabulario usa el autor para darle mayor realidad al cuento? Sea específico.

5. ¿Qué sabemos sobre los personajes del cuento?

6. ¿En qué ambiente se desenvuelve el relato?

7. ¿Resulta para usted inesperado el desenlace? ¿Por qué?

8. Resuma usted el argumento del cuento.

9. Si en vez de la entrevista con Sábato tuviéramos un artículo sobre su vida, ¿hubiera sido menos interesante? ¿Por qué?

10. Busque usted ejemplos de imágenes y metáforas que usa Sábato para expresar sus ideas y sentimientos.

11. ¿Ve usted alguna relación entre las pesadillas del escritor y su infancia?

12. ¿Se expresa Sábato en un lenguaje poético? Dé ejemplos.

13. Sábato dice: «un gran escritor puede con palabras muy chiquitas llegar a hacer cosas muy grandes.» ¿Cree Ud. que el escritor, al expresarse en la entrevista, nos da algunos ejemplos de esto? Cite algunos.

14. Después de leer la entrevista, ¿puede usted decir qué temas le interesan al autor?

Composición

Imagínese que usted es periodista, y que tiene la oportunidad de entrevistar a cualquier personaje histórico o ficticio. Escoja uno y prepare una serie de preguntas para hacerle. Según su conocimiento del personaje, conteste usted sus preguntas, como lo haría él (ella).

Aspectos a considerar en la entrevista:

1. Introducción
   Presentación del personaje objeto de la entrevista.

2. Desarrollo
   a. lugar de nacimiento, niñez y educación
   b. personas que han tenido influencia en su vida
   c. profesión y actividades que realiza
   d. ideas sobre su trabajo o actividad
   e. su filosofía de la vida
   f. sus ambiciones y planes para el futuro

3. Conclusión
   Opinión personal sobre la persona entrevistada.

PENSAMIENTOS DE HOMBRES ILUSTRES

Sobre el esfuerzo

La obra mejor es la que se realiza sin las impaciencias del éxito inmediato; y el más glorioso esfuerzo es el que pone la esperanza más allá del horizonte visible.

José Enrique Rodó (Uruguay: 1871–1917)

Cada generación debe proponerse un ideal y, de acuerdo con sus fuerzas, caminar hacia él.

Rufino Blanco-Fombona (Venezuela: 1874–1944)

LECTURAS SUPLEMENTARIAS

Selecciones poéticas

CÉSAR VALLEJO *(Perú) (1892–1938)*

Este gran poeta peruano del siglo veinte dedicó su vida a la poesía y a la política. Alma idealista y sensitiva, Vallejo creyó en la hermandad de los hombres y la exaltó en sus versos. Escribió *Los heraldos negros* (1918), *Trilce* (1922), *Poemas humanos* (1939) y *España, aparta de mí este cáliz* (1939). El poema «Masa», que presentamos a continuación, pertenece a este último libro.

Masa

Al fin de la batalla,
y muerto el combatiente, vino hacia él un hombre
y le dijo: «¡No mueras; te amo tanto!»
Pero el cadáver ¡ay! siguió muriendo.

Se le acercaron dos y repitiéronle:
«¡No nos dejes! ¡Valor! ¡Vuelve a la vida!»
Pero el cadáver ¡ay! siguió muriendo.

Acudieron° a él veinte, cien, mil, quinientos mil,   *came*
clamando: «¡Tanto amor y no poder nada contra la muerte!»
Pero el cadáver ¡ay! siguió muriendo.

Le rodearon millones de individuos,
con un ruego común: «¡Quédate hermano!»
Pero el cadáver ¡ay! siguió muriendo.

Entonces todos los hombres de la tierra
le rodearon; les vio el cadáver triste, emocionado:°   *touched*
incorporóse lentamente,
abrazó al primer hombre; echóse a andar...

HERIB CAMPOS CERVERA *(Paraguay) (1908–1953)*

Herib Campos Cervera dejó un solo libro, que tituló *Ceniza redimida*. Escribe poesía social, pero sus mejores poemas son los líricos, íntimos, en los que expresa su amor por su tierra o habla del recuerdo de sus amigos.

Un puñado° de tierra

handful

Un puñado de tierra
de tu profunda latitud;
de tu nivel de soledad perenne;°   *perpetual*
de tu frente de greda° cargada de sollozos germinales.°   *marl / budding*

Un puñado de tierra,
con el cariño simple de sus sales
y su desamparada° dulzura de raíces.   *helpless*

Un puñado de tierra que lleve entre sus labios
la sonrisa y la sangre de tus muertos.
Un puñado de tierra
para arrimar° a su encendido número   *to draw near*
todo el frío que viene del tiempo de morir.

Y algún resto de sombra de tu lenta arboleda°   *grove*
para que me custodie° los párpados° del sueño. *guard / eyelids*

Quise de Ti tu noche de azahares;°   *orange blossoms*
quise tu meridiano caliente y forestal;
quise los alimentos minerales que pueblan°   *populate*
los duros litorales de tu cuerpo enterrado,° *buried*
y quise la madera de tu pecho.

Eso quise de Ti.
— Patria de mi alegría y de mi duelo,°   *mourning*
eso quise de Ti.

JULIA DE BURGOS   *(Puerto Rico)(1916–1953)*

Julia de Burgos pasó la mayor parte de su vida lejos de Puerto Rico (murió en Nueva York en 1953), y la pena del exilio se refleja en su poesía. En el poema que presentamos, la autora habla de su nostalgia del mar.

Letanía del mar

Mar mío,
mar profundo que comienzas en mí,
mar subterráneo y solo
de mi suelo de espadas° apretadas.   *swords*

Mar mío,
mar sin nombre,
desfiladero turbio° de mi canción despedazada,°   *muddy canyon / torn*
roto y desconcertado° silencio transmarino,   *bewildered*
azul desesperado,
mar lecho,°   *bed*
mar sepulcro°...   *tomb*

Azul,
lívido azul,
para mis capullos° ensangrentados,°   *blossoms / stained*
para la ausencia de mi risa,   *with blood*
para la voz que oculta mi muerte con poemas...

Mar mío,
mar lecho,
mar sin nombre,
mar a deshoras,°   *untimely*
mar en la espuma del sueño,
mar en la soledad desposando crepúsculos,°   *betrothing twilights*
mar viento descalzando mis últimos revuelos,°   *flying to and fro*
mar tú,
mar universo...

FRANCISCO MENA BENITO *(España) (1936–)*

Francisco Mena nació en Madrid pero vive en los Estados Unidos desde 1960. Ha publicado sus poemas en varias revistas españolas y latinoamericanas. Entre sus libros figuran *Retratos y reflejos, Sonata por un amor, Un grito a la vida* y *La tierra se ha vestido de vida.* El poema que presentamos a continuación pertenece a la colección *Retratos y reflejos.*

Otoño

De los temblorosos brazos
cae la dorada pluma.
Como barco en la mar
al aire se aventura.
Y navega el espacio
por tan solo un instante.
Otra...
   otra...
     otra...

Envidiosas persiguen
el rumbo siniestro
de la nada.
Y en el polvo mojado,
como pájaros muertos
se duelen
de no poder volver
al nido de la rama.

Basándose en los poemas presentados, conteste las siguientes preguntas.

1. ¿Qué clase de rima tiene cada uno de los poemas?
2. ¿Cuál es el estribillo en el poema «Masa», y qué logra el poeta al usarlo?
3. ¿Cuál es el tema del poema de César Vallejo?
4. Herib Campos Cervera es un poeta paraguayo. Leyendo su poema «Un puñado de tierra», ¿cómo imagina usted el Paraguay?
5. ¿De qué manera expresa Julia de Burgos su obsesión por el mar que rodea su tierra y qué representa para ella ese mar?
6. ¿Qué tienen en común los poemas «Letanía del mar» y «Un puñado de tierra»?
7. ¿Qué símiles usa Francisco Mena en su poema «Otoño» para describir las hojas que caen de los árboles?
8. ¿Cuál es el tono de todos estos poemas?

Tres cuentos

MANUEL GUTIÉRREZ NÁJERA *(México)* *(1859–1895)*

Manuel Gutiérrez Nájera fue el iniciador del Modernismo en México. Escribió poesía y prosa y su estilo se caracteriza por la elegancia, el refinamiento, la ternura y el humor.

Nájera es uno de los escritores más productivos del Modernismo, y más que en el verso es un innovador de la prosa. Escribió dos colecciones de cuentos: *Cuentos frágiles* (1883) y *Cuentos de color de humo* (1890–1894). Sus mejores cuentos son «Rip-Rip», «La novela del tranvía» y «Mañana de San Juan».

Su primer volumen de versos llevaba el título de *Poesías* (1896) y entre sus composiciones más famosas podemos citar «La serenata de Schubert», «Mis enlutadas», y «De blanco». A Nájera se le conoce con el seudónimo de «El Duque de Job».

Además de literato, Nájera fue periodista y político.

Rip–Rip *(Adaptado)*

Este cuento yo no lo vi; pero creo que lo soñé. ¡Qué cosas ven los ojos cuando están cerrados!

¿De quién es la leyenda de Rip-Rip? Entiendo que la recogió Washington Irving, para darle forma literaria en alguno de sus libros. Sé que hay una ópera cómica con el propio título y con el mismo argumento. Pero no he leído el cuento del novelador e historiador norteamericano, ni he oído la ópera... pero he visto a Rip-Rip.

Rip-Rip, el que yo vi, se durmió, no sé por qué, en alguna caverna en la que entró... quién sabe para qué.

Pero no durmió tanto como el Rip-Rip de la leyenda. Creo que durmió diez años... tal vez cinco... acaso uno... en fin, su sueño fue bastante corto: durmió mal. Pero el caso es que envejeció° dormido, porque eso les pasa a los que sueñan mucho. Y como Rip-Rip no tenía reloj, y como aunque lo hubiese tenido no le habría dado cuerda° cada veinticuatro horas; como no se habían inventado aún los calendarios, y como en los bosques no hay espejos, Rip-Rip no pudo darse cuenta de las horas, los días o los meses que habían pasado mientras él dormía, ni enterarse° de que era ya un anciano.

got old

wound

find out

Sucede casi siempre: mucho tiempo antes de que uno sepa que es viejo, los demás lo saben y lo dicen.

Rip-Rip, todavía algo soñoliento° y sintiendo vergüenza por haber pasado toda una noche fuera de su casa —él que era un esposo modelo —se dijo, no sin sobresalto: —¡Vamos al hogar!

Y allá va Rip-Rip con su barba muy blanca (que él creía muy rubia) cruzando a duras penas° aquellos caminos casi inaccesibles. Las piernas flaquearon;° pero él decía: —¡Es efecto del sueño! ¡Y no, era efecto de la vejez,° que no es suma de años, sino suma de sueños!

Caminando, caminando, pensaba Rip-Rip: —¡Pobre mujercita mía! ¡Qué alarmada estará! Yo no me explico lo que ha pasado.

Debo de estar enfermo... muy enfermo. Salí al amanecer... está ahora amaneciendo... de modo que el día y la noche los pasé fuera de casa. Pero ¿qué hice? Yo no voy a la taberna: yo no bebo.... Sin duda me sorprendió la enfermedad en el monte y caí sin sentido en esa gruta°... Ella me habrá buscado por todas partes.... ¿Cómo no, si me quiere tanto y es tan buena? No ha de haber dormido... Estará llorando... ¡Y venir sola, en la noche, por estos caminos! Aunque sola... no, no ha de haber venido sola. En el pueblo me quieren bien, tengo muchos amigos... principalmente Juan, el del molino.° De seguro que, viendo la aflicción de ella, todos la habrán ayudado a buscarme. Juan principalmente. Pero ¿y la chiquita? ¿Y mi hija? ¿La traerán? ¿A tales horas? ¿Con este frío? Bien puede ser, porque ella me quiere tanto y quiere tanto a su hija y quiere tanto a los dos, que no dejaría por nadie sola a ella, ni dejaría por nadie de buscarme. ¡Qué imprudencia! ¿Le hará daño?... En fin, lo primero es que ella... pero, ¿cuál es ella?...

Y Rip-Rip andaba, andaba... y no podía correr.

Llegó por fin, al pueblo, que era casi el mismo... pero que no era el mismo. La torre de la parroquia° le pareció más blanca; la casa del Alcalde, más alta; la tienda principal, con otra puerta; y las gentes que veía, con otras caras. ¿Estaría aún medio dormido? ¿Seguiría enfermo?

Al primer amigo a quien halló fue al señor Cura.° Era él: con su paraguas verde; con su sombrero alto, que era lo más alto de todo el vecindario; con su Breviario siempre cerrado; con su sotana negra.

—Señor Cura, buenos días.

—Perdona, hijo.

sleepy

with great difficulty
lacked strength
old age

cave

mill

parish

Catholic priest

—No tuve yo la culpa, señor Cura... no me he emborrachado... no he hecho nada malo... La pobrecita de mi mujer...

—Te dije ya que perdonaras. Y anda; ve a otra parte, porque aquí sobran limosneros.° *beggars*

¿Limosneros? ¿Por qué le hablaba así el Cura? Jamás había pedido limosna. No daba para la iglesia porque no tenía dinero. No asistía a los sermones de cuaresma,° porque *Lent* trabajaba en todo tiempo de la noche a la mañana. Pero iba a la misa de siete todos los días de fiesta, y confesaba y comulgaba° cada año. No había razón para que el cura lo tratase con *took communion* desprecio. ¡No la había!

Y lo dejó ir sin decirle nada, porque sentía tentaciones de pegarle... y era el cura.

Con paso muy rápido siguió Rip-Rip su camino. Afortunadamente la casa estaba muy cerca... Ya veía la luz de sus ventanas... Y como la puerta estaba más lejos que las ventanas, acercóse a la primera de éstas para llamar, para decirle a Luz: —¡Aquí estoy! ¡Ya no te preocupes!

No hubo necesidad de que llamara. La ventana estaba abierta: Luz cosía° tranquilamente, y, en el momento en que *was sewing* Rip-Rip llegó, Juan — el del molino — la besaba en los labios.

—¿Vuelves pronto, hijito?

Rip-Rip sintió que todo era rojo en torno° suyo. ¡Miserable! *around* ¡Miserable!... Temblando como un ebrio° o como un viejo *drunk* entró en la casa. Quería matar pero estaba tan débil, que al llegar a la sala en que hablaban ellos, cayó al suelo. No podía levantarse, no podía hablar; pero sí podía tener los ojos abiertos, muy abiertos para ver cómo palidecían de espanto la esposa adúltera y el amigo traidor.

Y los dos palidecieron. Un grito de ella —¡el mismo grito que el pobre Rip-Rip había oído cuando un ladrón entró en la casa! — y luego los brazos de Juan que lo ayudaban caritativos, para levantarlo del suelo.

Rip-Rip hubiera dado su vida también por poder decir una palabra, una blasfemia.

—No está borracho, Luz, es un enfermo.

Y Luz, aunque con miedo todavía, se aproximó al desconocido vagabundo.

—¡Pobre viejo! ¿Qué tendrá? Tal vez venía a pedir limosna y se cayó desfallecido de hambre.

—Pero si algo le damos, podría hacerle daño. Lo llevaré primero a mi cama.

—No, a tu cama no, que está muy sucio el infeliz. Llamaré al mozo, y entre tú y él lo llevarán a la botica.°   *pharmacy*

La niña entró en esos momentos.

—¡Mamá, mamá!

—No te asustes, mi vida, si es un hombre.

—¡Qué feo, mamá! ¡Qué miedo! ¡Es como el coco!°   *boogeyman*

Y Rip oía.

Veía también; pero no estaba seguro de qué veía. Esa salita era la misma... la de él. En ese sillón de cuero se sentaba por las noches cuando volvía cansado, después de haber vendido el trigo de su tierrita en el molino de que Juan era administrador. Esas cortinas de la ventana eran su lujo. Las compró a costa de muchos ahorros y de muchos sacrificios. Aquél era Juan, aquélla, Luz... pero no eran los mismos. ¡Y la chiquita no era la chiquita!

¿Se había muerto? ¿Estaría loco? ¡Pero él sentía que estaba vivo! Escuchaba... veía... como se oye y se ve en las pesadillas.

Lo llevaron a la botica en hombros, y allí lo dejaron, porque la niña se asustaba de él. Luz fue con Juan... y a nadie extrañó que fueran del brazo y que ella abandonara, casi moribundo,° a su marido. No podía moverse, no podía gritar,   *dying* decir: ¡Soy Rip!

Por fin, lo dijo, después de muchas horas, tal vez de muchos años, o quizá de muchos siglos. Pero no lo conocieron, no lo quisieron conocer.

—¡Desgraciado! ¡Es un loco! —dijo el boticario.

—Hay que llevarlo al señor alcalde,° porque puede ser   *mayor* furioso —dijo otro.

—Sí, es verdad, lo amarraremos° si resiste.   *will tie*

Y ya iban a amarrarlo; pero el dolor y la ira habían devuelto a Rip sus fuerzas. Como perro rabioso atacó a sus verdugos,°   *executioners* consiguió escapar, y echó a correr. Iba a su casa... ¡iba a matar! Pero la gente lo seguía, lo acorralaba.° Era aquello una   *cornered* cacería° y él era la fiera.   *hunting party*

El instinto de la propia conservación fue más fuerte que todo. Lo primero era salir del pueblo, llegar al monte, esconderse y volver más tarde, con la noche, a vengarse, a hacer justicia.

Logró por fin burlar a sus perseguidores. ¡Allá va Rip como lobo hambriento! ¡Allá va por lo más intrincado de la selva! Tenía sed... la sed que han de sentir los incendios. Y se fue derecho al manantial°... a beber, a hundirse en el agua y golpearla con los brazos... quizá, quizá a ahogarse. Se acercó al   *spring*

arroyo, y allí a la superficie, salió la muerte a recibirlo. ¡Sí;
porque era la muerte en figura de hombre, la imagen de
aquel decrépito que se asomaba en el cristal de la onda!° Sin   *wave*
duda venía por él ese lívido espectro. No era de carne y
hueso, ciertamente; no era un hombre, porque se movía a la
vez que Rip, y esos movimientos no agitaban el agua. ¡Y no
era Rip, no era él! Era como uno de sus abuelos que se le
aparecían para llevarlo con el padre muerto. —Pero ¿y mi
sombra? —pensaba Rip—. ¿Por qué no se retrata mi cuerpo
en ese espejo? ¿Por qué veo y grito, y el eco de esa montaña
no repite mi voz sino otra voz desconocida?

   ¡Y allá fue Rip a buscarse en el seno de las ondas! Y el viejo,
seguramente, se lo llevó con el padre muerto, porque Rip no
ha vuelto.

                    •   •   •

¿Verdad que éste es un sueño extravagante?
   Yo veía a Rip muy pobre, lo veía rico, lo miraba joven, lo
miraba viejo... no era un hombre, eran muchos hombres... tal
vez todos los hombres. No me explico cómo Rip no pudo hablar; ni cómo su mujer y su amigo no lo conocieron, a pesar
de que estaba tan viejo; ni sé cuántos años estuvo dormido o
aletargado° en esa gruta.   *lethargic*
   ¿Cuánto tiempo durmió? ¿Cuánto tiempo se necesita para
que los seres que amamos y que nos aman nos olviden? ¿Ol-
vidar es delito?° ¿Los que olvidan son malos? Ya veis qué   *crime*
buenos fueron Luz y Juan cuando socorrieron al pobre Rip
que se moría; la niña se asustó; pero no podemos culparla: no
se acordaba de su padre, todos eran inocentes; todos eran
buenos... y sin embargo, todo esto da mucha tristeza.
   Hizo muy bien Jesús de Nazareno en no resucitar más que   *wife*
a un solo hombre, y eso a un hombre que no tenía mujer,° que
no tenía hijas y que acababa de morir. Es bueno echar mucha
tierra sobre los cadáveres.

Díganos...

1. ¿Qué nos dice el autor sobre la leyenda de Rip-Rip?
2. ¿Qué le pasó al Rip-Rip de la historia?
3. ¿Por qué no pudo Rip-Rip darse cuenta de que envejecía?
4. ¿Qué pensaba Rip-Rip mientras iba hacia su casa?
5. ¿Qué cree él que habrá hecho su esposa?
6. ¿Qué cambios encontró Rip-Rip en el pueblo?
7. ¿Qué pasó cuando Rip-Rip se encontró con el Cura?

8. ¿Qué vio Rip-Rip a través de la ventana de su casa?
9. ¿Reconocieron a Rip-Rip su esposa y su hija? ¿Por qué?
10. ¿Qué hizo Rip-Rip cuando iban a amarrarlo?
11. ¿Qué vio Rip-Rip cuando fue a beber en el manantial?
12. ¿Por qué dice el autor que es bueno echar mucha tierra sobre los cadáveres?

HUGO RODRÍGUEZ-ALCALÁ   *(Paraguay)* *(1917–   )*

Hugo Rodríguez Alcalá publicó sus dos primeros libros de poesía en 1939: *Poemas* y *Estampas de la guerra*. Este último influyó más tarde sobre la literatura de su país, evocadora de aquellos años trágicos.

Este escritor paraguayo ha publicado gran número de estudios literarios en revistas del norte y sur del continente a partir de 1950, pero la mayoría de sus libros han aparecido en México. Entre ellos figuran *Misión y pensamiento de Francisco Romero* (1959), *Ensayos de norte a sur* (1960), *Abril que cruza el mundo* (1960), *El arte de Juan Rulfo* (1965) y *Sugestión e ilusión* (1966).

Muchos de sus cuentos han sido publicados en periódicos argentinos y paraguayos. Su relato «El as de espadas», que presentamos a continuación, se inspira en un suceso de la historia política del Paraguay: el asesinato del presidente Gill en 1887.

El as de espadas   *(Adaptado)*

—Ahí viene— les dije a mis amigos reunidos aquella siesta en mi casa. Y les señalé,° a través de la persiana° entornada, la obesa figura de nuestro enemigo. Con pasos lentos y pesados el hombre avanzaba solo por la calle ardiente de sol. Contra las blancas fachadas° de las casonas coloniales, destacaban su levita° negra y su sombrero de felpa. Abochornado° por el calor y el enorme almuerzo reciente, el hombre jadeaba° entre los grandes bigotes. Su levita, abierta sobre el vientre° voluminoso, dejaba ver una gruesa cadena de oro.

pointed / wooden shutter

façades
frock coat / overheated
panted
belly

Cuando llegó al pie de uno de los balcones de la casa que quedaba frente a la mía, el hombre se detuvo un instante, sacó del bolsillo un pañuelo y se enjugó el ancho rostro enrojecido y sudoroso.° Luego, conservando el pañuelo en la mano izquierda, continuó su lenta marcha. Su bastón° de empuñadura° de plata golpeaba secamente la caliente acera.

sweaty
walking stick
handle

Eran las dos de la tarde. A aquella misma hora, todos los días, «Su excelencia», como lo llamábamos, pasaba por mi casa camino° del palacio.

on his way

Me volví hacia el grupo de amigos parados detrás de la persiana y los miré sucesivamente en los ojos. Éramos siete, y los siete, jóvenes. Ninguno había cumplido los treinta. Los miré en los ojos, digo, y en todas aquellas pupilas rencorosas leí el mismo propósito que hacía meses me robaba el sueño.

—Echaremos suertes° —dije en voz baja—. Y, mañana a esta misma hora uno de los siete le hará fuego desde aquí.

we'll cast lots

Debíamos tomar precauciones porque la policía nos vigilaba.° Esta vigilancia se había intensificado después de la última campaña periodística que yo dirigía, y nos veíamos siempre rodeados de espías aún cuando sólo nos reuníamos para divertirnos.

were watching

—Aprobado— contestaron mis amigos.

Echamos suertes de naipes° con el acuerdo de que aquél a quien le tocara el as de espadas° sería el que disparara el tiro. No me tocó a mí la suerte sino a Fermín Gutiérrez. Cuando Gutiérrez vio que su naipe era el as de espadas, palideció.

cards
ace of spades

—Está bien —dijo—. Mañana a las dos.

Y en seguida todos se fueron. Yo me quedé en casa limpiando el viejo fusil° de mi padre y quemando cartas y papeles. Cuando oscureció salí en busca de un hombre de confianza a quien le pedí que me tuviera listos siete buenos caballos frente a la puerta del café *Libertad*. Después fui a la playa del río donde vivía un botero adicto y le ordené que me esperara con dos carabinas en su bote a las dos y cuarto de la tarde del día siguiente, a fin de que pudiera llevarme, en la brevedad posible, a la orilla opuesta del río.

rifle

De regreso a mi casa vi arder un cigarro en la oscura esquina de mi calle y creí reconocer en el fumador, por su manera cautelosa de moverse, a uno de los espías de «Su excelencia».

Entré en mi casa, me acosté y traté de leer a la luz de la lámpara de kerosén. Pero no podía concentrarme en la lectura. ¡Gutiérrez se acababa de casar y a él le tocaba la suerte! Por fin, ya bien tarde, apagué la luz y me dormí profundamente hasta bien entrada la mañana.

A la una y media en punto llegaron mis amigos. Gutiérrez estaba lívido. Todos estaban nerviosos, menos yo. Yo sentía una alegría rabiosa e impaciente.

Sin decir una palabra le di el fusil a Gutiérrez. Era un arma anticuada, aunque excelente, y de grosísimo calibre. El fusil se cargaba° por la boca. Gutiérrez comenzó a cargarlo con manos inseguras.

was loaded

—Más pólvora° —le dije al ver que no utilizaba lo suficiente. Gutiérrez derramó un nuevo chorro de granos negros y brillantes por la boca del arma. Después, esperamos. Hacía un calor terrible aquella siesta. Después de un rato se oyeron unos pasos lentos en la acera de enfrente y el golpe acompasado de un bastón. Era él.

gunpowder

Gutiérrez colocó el fusil entre dos de las maderas polvorientas° de la persiana y apuntó. En ese momento pudimos ver de lleno la cara del hombre obeso: vimos, de frente, sus grandes mostachos. El hombre miraba hacia el balcón de mi casa. Gutiérrez retrocedió un paso, bañado en sudor, todo trémulo y demudado,° diciendo en voz muy baja e intensa:

dusty

altered

—No, no puedo; no puedo hoy—. Y dejó el fusil amartillado° sobre los brazos de un sillón próximo.

cocked

Yo me abalancé hacia el sillón, tomé el arma y volví a la persiana. Pero mis amigos me contuvieron porque en ese instante sonaron cascos de caballos en la calzada.° Pronto vimos un pelotón de carabineros pasar por la calle y saludar militarmente a «Su excelencia». Nuestro enemigo contestó el saludo levantando el bastón con la mano obesa y peluda.°

street

hairy

Nos separamos los siete amigos con la promesa de encontrarnos todos, al día siguiente, a la misma hora, en mi casa, y con el acuerdo unánime de que sería yo y no Gutiérrez el que disparara el fusil.

El hombre que nos alistara° los caballos y el hombre del bote recibieron nuevo aviso.

prepared

Al día siguiente — fue un martes 13, parece mentira —, al día siguiente, a la una y media en punto, volvieron mis amigos. Media hora después se oyeron los pasos lentos de «Su excelencia» sobre la acera de enfrente. Cuando la figura de mi enemigo se dibujó obesa, enorme, sobre la puerta roja de la casa de enfrente, disparé.° El hombre se desplomó° hacia adelante; cayó sobre su vientre sin más ruido que el de la empuñadura de plata del bastón al dar sobre la acera.

shot / fell

Yo llegué al galope a la playa del río donde el bote me esperaba y me puse a salvo. A mis espaldas, la ciudad estaba llena de estampidos.° Mis amigos, que tomaron un rumbo opuesto al mío, fueron alcanzados por los carabineros y muertos° a tiros o a sablazos.° Sí, de los siete, sólo yo me salvé.

shots

killed / blows from a saber

Han pasado veinticinco años, señores. Pero, como si el día aquel de mi venganza fuera ayer, ¡todavía hoy lamento que, cuando detrás de la persiana le descargué el fusil, aquel cerdo° obeso no hubiera visto al caer de bruces° que fui yo, y nadie más que yo, el que le hizo fuego!

pig / on his face

Díganos...

1. ¿Qué sabemos de «Su excelencia» y qué imágenes usa el autor para presentarlo como figura repulsiva?
2. ¿Qué papel juega el naipe en el cuento?

3. ¿Para qué se reunían los amigos en la casa del narrador?
4. ¿Por qué era necesario tomar precauciones?
5. ¿Qué hicieron para decidir quién mataría a «Su excelencia» y a quién le tocó la suerte?
6. ¿Qué cosas hizo el narrador para preparar la huida?
7. ¿Qué pasó al día siguiente?
8. ¿Por qué decidieron que sería el narrador quien matara a «Su excelencia»?
9. ¿Qué día se reunieron otra vez los amigos para asesinar al presidente? ¿Qué pasó?
10. ¿Quién fue el único que se salvó y cuál fue la suerte de los otros?
11. ¿Cuántos años han pasado desde este suceso?
12. ¿Qué es lo único que lamenta el narrador?

EMILIA PARDO BAZÁN *(España) (1851–1925)*

Emilia Pardo Bazán fue la primera mujer que ocupó una cátedra en la Universidad de Madrid. Está considerada como una de las novelistas más importantes del siglo XIX, y fue la que introdujo el naturalismo en España con su obra *La cuestión palpitante*.

Además de sus novelas, escribió unos 400 cuentos que han sido considerados por los críticos como lo mejor en su género. La escritora tiene un dominio perfecto de la técnica del cuento. Sus narraciones son breves, intensas, dramáticas y convincentes.

La caja de oro *(Adaptado)*

Siempre la había visto sobre su mesa, al alcance° de su mano   *within reach*
bonita, que a veces se entretenía en acariciar la tapa°   *lid*
suavemente; pero no me era posible averiguar lo que contenía aquella caja de filigrana de oro con esmaltes° finísimos,   *enamel*
porque apenas intentaba coger el juguete, su dueña lo escondía rápida y nerviosamente en los bolsillos de la bata,° o en   *gown*
lugares todavía más recónditos, haciéndola así inaccesible.

Y cuanto más la ocultaba su dueña, mayor era mi deseo de enterarme de lo que la caja contenía. ¡Misterio irritante y tentador! ¿Qué guardaba la artística cajita? ¿Bombones? ¿Polvos de arroz? ¿Esencias? Si encerraba alguna de estas cosas tan inofensivas,° ¿por qué ocultarlo? ¿Escondía una foto-   *harmless*
grafía, una flor seca, pelo? Imposible: tales cosas, o se llevan mucho más cerca o descansan sobre el corazón, o se guardan en un lugar bien cerrado, bien seguro...

Llámenme indiscreto, entrometido,° impertinente. Lo   *meddler*
cierto es que la cajita me volvía loco, y usados todos los medios legales, puse en juego los ilícitos y heroicos... Me mostré enamoradísimo de la dueña, cuando sólo lo estaba de la cajita de oro; cortejé° en apariencia a una mujer, cuando   *I courted*
sólo cortejaba un secreto; hice como si° persiguiese la di-   *I pretended*
cha... cuando sólo perseguía la satisfacción de la curiosidad.
Y la suerte, que acaso me negaría la victoria si la victoria realmente me importase, me la concedió... por lo mismo que al concedérmela me echaba encima un remordimiento.

No obstante, después de mi triunfo, la que ya me entregaba su amor, defendía aún, con invencible obstinación, el misterio de la cajita de oro. Con coqueterías o repentinas y melancólicas reservas; discutiendo o bromeando, utilizando la ternura o las amenazas del desamor, suplicante o enojado —, nada obtuve; la dueña de la caja persistió en negarse a que me enterase de su contenido, como si dentro del lindo objeto existiese la prueba de algún crimen.

Me repugnaba emplear la fuerza, y además, quise deber al cariño y sólo al cariño de la hermosa la clave° del enigma. Insistí, utilicé todos los recursos, y como el artista que cultiva por medio de las reglas la inspiración, llegué a tal grado de maestría en la comedia del sentimiento, que logré convencerla. Un día en que algunas fingidas lágrimas acreditaron mis celos, mi persuasión de que la cajita encerraba la imagen de un rival, de alguien que aún me disputaba el alma de aquella mujer, la vi demudarse, temblar, palidecer, echarme al cuello los brazos y exclamar, por fin, con sinceridad que me avergonzó: *clue*

—¡Qué no haría yo por ti! Lo has querido... pues sea. Ahora mismo verás lo que hay en la caja.

Apretó un resorte;° la tapa de la caja se alzó y vi en el fondo unas cuantas bolitas blancas, secas. Miré sin comprender, y ella, reprimiendo un sollozo, dijo solemnemente: *spring*

—Esas píldoras me las vendió un curandero° que realizaba curas milagrosas° en la gente de mi pueblo. Se las pagué muy caras, y me aseguró que, tomando una al sentirme enferma, tengo asegurada la vida. Sólo me advirtió que si las apartaba de mí o se las enseñaba a alguien, perdían su poder. Será superstición o lo que quieras: lo cierto es que he seguido la prescripción del curandero, y no sólo se me quitaron achaques° que sufría (pues soy muy débil), sino que he gozado salud envidiable. Insististe en averiguar... Lo conseguiste... Para mí vales tú más que la salud y que la vida. Ya no tengo panacea, ya mi remedio ha perdido su eficacia: sírveme de remedio tú; quiéreme mucho, y viviré. *witch doctor* *miraculous* *indispositions*

Me quedé frío. Logrado mi propósito, no encontraba dentro de la cajita sino la desilusión... un engaño... y el cargo de conciencia del daño causado a la persona que tanto me amaba. Mi curiosidad, como todas las curiosidades, desde la fatal del Paraíso hasta la no menos funesta de la ciencia contemporánea, llevaba en sí misma su castigo y su maldición.° Daría entonces algo bueno por no haber puesto en la cajita los ojos. Y tan arrepentido que me creí enamorado; cayendo *curse* de rodillas a los pies de la mujer que sollozaba, tartamudeé:° — *I stuttered*

—No tengas miedo... Todo eso es una farsa, una mentira... El curandero mintió... Vivirás, vivirás mil años... Y aunque hubiesen perdido su virtud las píldoras, ¿qué? Nos vamos a tu pueblo y compramos otras... Todo mi capital le doy al curandero por ellas.

Me abrazó, y sonriendo en medio de su angustia, murmuró en mi oído:

—El curandero ha muerto.

Desde entonces la dueña de la cajita— que ya no la ocultaba ni la miraba siquiera, dejándola cubrirse de polvo en un rincón de la estantería° — empezó a debilitarse, presentando — *shelves* todos los síntomas de una enfermedad que ningún remedio podía curar. Cualquiera que no me tenga por un monstruo supondrá que la cuidé con caridad y abnegación; porque otra cosa no había en mí para aquella mujer de quien había sido verdugo° involuntario. Ella se moría, quizás de tristeza, — *executioner* quizás de aprensión, pero por mi culpa; y yo no podía ofrecerle a cambio de la vida que le había robado, lo que todo lo compensa: el don° de mí mismo, incondicional, absoluto. — *gift* Intenté engañarla santamente para hacerla feliz, y ella, con tardía lucidez, adivinó mi indiferencia y mi disimulado tedio, y cada vez se inclinó más hacia el sepulcro.

Y al fin cayó en él, sin que ni los recursos de la ciencia ni mis cuidados consiguiesen salvarla. De todas las memorias que quiso legarme° su amor, sólo recogí la caja de oro. Aún — *bequeath to me* contenía las famosas píldoras, y cierto día se me ocurrió que las analizase un químico amigo mío, pues todavía no se daba por satisfecha mi maldita° curiosidad. Al preguntar el resul- — *damned* tado del análisis, el químico se echó a reír.

—Ya podía usted figurarse —dijo— que las píldoras eran de miga° de pan. El curandero (¡si sería listo!) mandó que no — *crumb* las viese nadie... para que a nadie se le ocurriese analizarlas. ¡El maldito análisis lo seca todo!

Díganos...

1. ¿Qué es lo que el protagonista del cuento quería averiguar?
2. ¿Qué cosas se imaginaba él que contenía la cajita?
3. ¿Qué hizo para lograr descubrir el secreto de la cajita?
4. ¿Qué había en la cajita?
5. ¿Para qué servían las «píldoras»?

6. ¿Cómo se sintió el protagonista del cuento después de lograr su propósito?
7. ¿Cómo trató de remediar el daño causado?
8. ¿Qué le pasó a la dueña de las píldoras?
9. ¿Qué demostró el análisis de las «píldoras»?
10. ¿Tiene el cuento un final inesperado?

Dos ensayos

JOSÉ MARTÍ *(Cuba) (1853–1895)*

José Martí, famoso escritor y patriota cubano, nació en La Habana en 1853. Dedicó su vida y su obra a la independencia de Cuba, donde murió en el campo de batalla en 1895.

Martí es famoso no sólo como poeta y ensayista, sino también como orador. Con su palabra logró unir a todos los cubanos y los llevó a la lucha, pues con su poder convincente lograba conmover a las muchedumbres.[1]

Martí es el creador de la prosa artística, que se caracteriza por la melodía, el ritmo y el uso de frases cortas, con las que expresa ideas muy profundas.

Los temas predilectos[2] de Martí son la libertad, la justicia, la independencia de su patria y la defensa de los pobres, de los humildes y de los oprimidos.

El crítico Anderson Imbert ha dicho de él: «Es uno de los lujos que la lengua española puede ofrecer a un público universal.»

Entre sus obras poéticas tenemos *Ismaelillo* (1882), *Versos sencillos* (1891), *Versos libres* (1913) y *Flores del destierro* (1933). También cultivó el cuento infantil. Sin embargo, lo más sobresaliente de su obra son sus ensayos.

Mi raza *(Selección adaptada)*

Ésa de racista es una palabra confusa y hay que ponerla en claro. El hombre no tiene ningún derecho especial porque pertenezca a una raza o a otra: dígase hombre, y ya se dicen todos los derechos. El negro, por negro, no es inferior ni superior a ningún otro hombre; peca por redundante el blanco que dice «Mi raza»; peca por redundante el negro que dice «Mi raza». Todo lo que divide a los hombres, todo lo que especifica, aparta o acorrala es un pecado contra la humanidad. ¿A qué blanco sensato se le ocurre envanecerse° de ser blanco, y ¿qué piensan los negros del blanco que se envanece de serlo? ¿Qué han de pensar los blancos del negro que se envanece de su color? Insistir en las divisiones de raza, en las diferencias de raza, de un pueblo naturalmente dividido, es dificultar la ventura° pública y la individual.

° to become vain

° happiness

---

[1]crowds   [2]favorite

Si se dice que en el negro no hay culpa aborigen ni virus que lo inhabilite° para desenvolver° toda su alma de hombre, se dice la verdad, y es necesario que se diga y se demuestre, porque la injusticia de este mundo es mucha, y es mucha la ignorancia que pasa por sabiduría, y aún hay quien cree de buena fe al negro incapaz de la inteligencia y el corazón del blanco... Si se aleja de la condición de esclavitud, no acusa inferioridad la raza esclava, puesto que los galos° blancos, de ojos azules y cabellos de oro, se vendieron como siervos,° con la argolla° al cuello, en los mercados de Roma; eso es racismo bueno, porque es pura justicia y ayuda a quitar prejuicios al blanco ignorante. Pero ahí acaba el racismo justo, que es el derecho del negro a mantener y a probar que su color no le priva de ninguna de las capacidades y derechos de la especie humana.

disqualifies / to develop

Welsh
slaves
large ring

El racista blanco que le cree a su raza derechos superiores, ¿qué derechos tiene para quejarse del racista negro que también le vea especialidad a su raza? El racista negro que ve en su raza un carácter especial, ¿qué derecho tiene para quejarse del racista blanco? El hombre blanco que, por razón de su raza, se cree superior al hombre negro, admite la idea de la raza y autoriza y provoca al racista negro. El hombre negro que proclama su raza, cuando lo que acaso proclama únicamente en esta forma errónea es la identidad espiritual de todas las razas, autoriza y provoca al racista blanco. La paz pide los derechos comunes de la naturaleza; los derechos diferenciales, contrarios a la naturaleza, son enemigos de la paz. El blanco que se aísla, aísla al negro. El negro que se aísla, provoca a aislarse al blanco.

En Cuba no hay temor a la guerra de razas. Hombre es más que blanco, más que mulato, más que negro. En los campos de batalla murieron por Cuba, han subido juntas por los aires, las almas de los blancos y de los negros. En la vida diaria de defensa, de lealtad, de hermandad,° de astucia, al lado de cada blanco hubo siempre un negro. Los negros, como los blancos, se dividen por sus caracteres, tímidos o valerosos, abnegados o egoístas...

brotherhood

Los negros están demasiado cansados de la esclavitud para entrar voluntariamente en la esclavitud del color. Los hombres de pompa° e interés se irán de un lado, blancos o negros; y los hombres generosos y desinteresados se irán de otro. Los hombres verdaderos, negros o blancos, se tratarán con lealtad y ternura, por el gusto del mérito y el orgullo de todo lo que honre la tierra en que nacimos, negro o blanco.

grandeur

No cabe duda de que la palabra racista caerá de los labios de los negros que la usan hoy de buena fe, cuando entiendan que ella es el único argumento de apariencia válida y de validez en hombres asustadizos,° para negar al negro la *fearful* plenitud° de sus derechos de hombre. Dos racistas serían *fullness* igualmente culpables: el racista blanco y el racista negro. Muchos blancos se han olvidado ya de su color, y muchos negros. Juntos trabajan blancos y negros, por el cultivo° de la *improvement* mente, por la propagación de la virtud y por el triunfo del trabajo creador y de la caridad sublime.

Díganos...

1. ¿Tiene algún derecho especial un hombre porque pertenezca a una raza determinada?
2. ¿Qué consecuencias trae el insistir en las divisiones de raza?
3. ¿Ha existido la esclavitud en la raza negra solamente? Cite ejemplos de esclavitud en otras razas.
4. ¿Qué consecuencias trae el racismo, ya sea en los negros o en los blancos?
5. ¿Cuáles son, según Martí, los enemigos de la paz?
6. «Hombre es más que blanco, más que mulato, más que negro.» Explique usted en sus propias palabras este sentimiento de José Martí.
7. ¿De acuerdo con qué factores se agrupan los seres humanos — blancos o negros?
8. ¿Qué quiere decir Martí al hablar de «la esclavitud del color»?
9. ¿Cuándo dejarán los negros de usar la palabra «racista»?
10. ¿Qué beneficios trae para la sociedad el que blancos y negros olviden las diferencias de color?

OCTAVIO PAZ *(México)(1914–   )*

Octavio Paz, poeta y ensayista mexicano, nació en 1914. Los temas centrales de su obra son la soledad y la búsqueda humana de la identidad y la comunicación con sus semejantes.[1]

Ya en su primer libro, *Raíz del hombre* (1937), vemos esa ansia de comprender la esencia del ser hombre. En *Las peras del olmo* (1957), Paz afirma que sólo la poesía puede ayudar al hombre en su búsqueda. En sus ensayos repite los temas de su poesía.

En su estilo intuitivo y lírico, usa una serie de símbolos que reflejan el aislamiento del hombre, no solamente mexicano, sino universal.

Otras obras poéticas del autor son *Entre la piedra y la flor* (1974), *Libertad bajo palabra* (1949) y *La estación violenta* (1958).

La selección que presentamos — «Máscaras mexicanas» — es de su libro *El laberinto de la soledad*. A pesar de ser una obra polémica, no puede negarse que el autor penetra en la sicología y la cultura del pueblo mexicano.

Máscaras mexicanas

(Selección adaptada)

> Corazón apasionado,
> disimula tu tristeza.
> —*Canción popular*

Viejo o adolescente, criollo o mestizo, general, obrero o licenciado, el mexicano se me aparece como un ser que se encierra y se preserva: máscara° el rostro y máscara la sonrisa.   *mask*
Plantado en su arisca° soledad, espinoso y cortés a un tiempo,   *surly*
todo le sirve para defenderse: el silencio y la palabra, la cortesía y el desprecio, la ironía y la resignación. Tan celoso de su intimidad como de la ajena, ni siquiera se atreve a rozar con los ojos al vecino: una mirada puede desencadenar° la ira   *unleash*
de esas almas cargadas de electricidad. Atraviesa la vida como desollado;° todo puede herirle, palabras y sospecha de   *como... as if he had been skinned alive*
palabras. Su lenguaje está lleno de figuras y alusiones, de puntos suspensivos...° Entre la realidad y su persona esta-   *ellipses*
blece una muralla, no por invisible menos infranqueable,°   *impassable*
de impasibilidad y lejanía. El mexicano siempre está lejos, lejos del mundo y de los demás. Lejos, también, de sí   *sí... himself*
mismo.°

---

[1]fellow beings

El lenguaje popular refleja hasta qué punto nos defendemos del exterior: el ideal de la «hombría»° consiste en no «rajarse»° nunca. Los que se «abren» son cobardes. Para nosotros, contrariamente a lo que ocurre con otros pueblos, abrirse es una debilidad o una traición. El mexicano puede doblarse,° humillarse, «agacharse»,° pero no «rajarse», esto es, permitir que el mundo exterior penetre en su intimidad. El «rajado» es de poco fiar,° un traidor o un hombre de dudosa fidelidad, que cuenta los secretos y es incapaz de afrontar los peligros como se debe...

°*manliness*

°*to open up*

°*to bend over / to bow down*

°*es... is not trustworthy*

El hermetismo° es un recurso de nuestra desconfianza. Muestra que instintivamente consideramos peligroso todo lo que está a nuestro alrededor. Esta reacción se justifica si se piensa en lo que ha sido nuestra historia y en el carácter de la sociedad que hemos creado. La dureza y hostilidad del ambiente — y esa amenaza, escondida e indefinible, que siempre flota en el aire — nos obligan a cerrarnos al exterior. Pero esta conducta, legítima en su origen, se ha convertido en un mecanismo que funciona solo, automáticamente. Ante la simpatía y la dulzura nuestra respuesta es la reserva, pues no sabemos si esos sentimientos son verdaderos o simulados. Y además, nuestra integridad masculina corre tanto peligro ante la benevolencia como ante la hostilidad...

°*secretiveness*

Nuestras relaciones con los otros hombres también están teñidas de recelo.° Cada vez que el mexicano se confía a un amigo, cada vez que se «abre», abdica. Y teme que el desprecio del confidente siga a su entrega. Por eso la confidencia es tan peligrosa para el que la hace como para el que la escucha... Nuestra ira no se nutre° nada más del temor de ser utilizados por nuestros confidentes — temor general a todos los hombres — sino de la vergüenza de haber renunciado a nuestra soledad. «Me he vendido con Fulano°», decimos cuando nos confiamos a alguien que no lo merece. Esto es, nos hemos «rajado», alguien ha penetrado en el castillo fuerte. La distancia entre hombre y hombre, creadora del mutuo respeto y la mutua seguridad, ha desaparecido. No solamente estamos a merced del intruso, sino que hemos abdicado.

°*distrust*

°*no... is not nourished*

°*So and So*

Todas estas expresiones revelan que el mexicano considera la vida como una lucha, concepción que no le distingue del resto de los hombres modernos. El ideal de hombría para otros pueblos consiste en una abierta y agresiva disposición al combate; nosotros acentuamos el carácter defensivo, listos a rechazar el ataque. El «macho» es un ser hermético, encerrado en sí mismo, capaz de guardarse y guardar lo que se le confía. La hombría se mide por la invulnerabilidad ante las armas enemigas o ante los impactos del mundo exterior. El estoicismo es la más alta de nuestras virtudes guerreras° y políticas. Nuestra historia está llena de frases y episodios que revelan la indiferencia de nuestros héroes ante el dolor o el peligro. Desde niños nos enseñan a sufrir con dignidad las derrotas, concepción que no carece de grandeza.° Y si no todos somos estoicos e impasibles — como Juárez y Cuauhtémoc — al menos tratamos de ser resignados, pacientes y sufridos. La resignación es una de nuestras virtudes populares. Más que el brillo de la victoria nos conmueve la entereza° ante la adversidad.

war (adj.)

no... *doesn't lack greatness*

nos... *we are moved by integrity*

• • •

Si en la política y el arte el mexicano aspira a crear mundos cerrados, en la esfera de las relaciones cotidianas° trata de que imperen el pudor,° el recato° y la reserva ceremoniosa. El pudor, que nace de la vergüenza ante la desnudez° propia o ajena, es un reflejo casi físico entre nosotros... Y por eso la virtud que más estimamos en las mujeres es el recato, como en los hombres la reserva. Ellas también deben defender su intimidad.

everyday
modesty / reserve
nakedness

El mexicano excede en el disimulo de sus pasiones y de sí mismo. Temeroso de la mirada ajena, se contrae, se reduce, se vuelve sombra y fantasma, eco. No camina, se desliza; no propone, insinúa; no se queja, sonríe; hasta cuando canta lo hace entre dientes y a media voz, disimulando su cantar.

Quizá el disimulo nació durante la Colonia... El mundo colonial ha desaparecido, pero no el temor, la desconfianza,° el recelo.° Y ahora no solamente disimulamos nuestra ira sino nuestra ternura. Cuando pide disculpas, la gente del campo dice «Disimule usted, señor». Y disimulamos. Nos disimulamos con tal ahinco° que casi no existimos.

distrust
suspicion

eagerness

Díganos...

1. ¿Cómo ve Octavio Paz al mexicano?
2. ¿Qué es lo que le sirve al mexicano para defenderse, y cómo atraviesa la vida?
3. ¿Qué establece entre la realidad y su persona, y cómo se sitúa en relación con el mundo que lo rodea?
4. ¿En qué consiste el ideal de la «hombría»?

5. ¿Cómo se justifica el hermetismo del mexicano?
6. ¿Cómo reacciona el mexicano ante la simpatía y la dulzura? ¿Por qué?
7. ¿Cuál es la diferencia entre el ideal de la «hombría» del mexicano y el de la gente de otros países?
8. ¿Cómo es el «macho», según el autor?
9. ¿Cuáles son las virtudes más importantes para el mexicano?
10. ¿Qué trata el mexicano que impere en las relaciones cotidianas?
11. ¿Qué estiman más los mexicanos en la mujer?
12. ¿De qué forma disimula el mexicano, según el autor?
13. ¿Puede usted señalar algunas similaridades entre la manera de actuar del norteamericano y el mexicano?
14. ¿Cree usted que el chicano es diferente al mexicano? ¿Por qué?
15. ¿Cree usted que hay similaridades entre el chicano y el mexicano? ¿Cuáles son?

APÉNDICE LITERARIO

1. Algunas ideas fundamentales

Al analizar un texto literario se deben tener en cuenta dos objetivos principales:

1. precisar lo que dice el texo   (fondo)
2. examinar la forma en que el autor lo dice   (forma)

En el estudio de una obra literaria, fondo y forma deben considerarse como una unidad, ya que en toda obra artística ambos están íntimamente ligados.[1] Toda explicación, por lo tanto, debe establecer claramente la relación que existe entre estos dos elementos.

Para lograr este objetivo se debe leer atentamente el texto, asegurándose de que se comprende el significado de todas y cada una de las palabras dentro del contexto en que están presentadas.

Un texto literario puede ser una obra completa o un fragmento. Los principales géneros literarios son novela, teatro, cuento, ensayo y poesía.

Novela: Obra escrita en prosa, generalmente extensa, en la cual se describen sucesos y hechos que pueden ser tomados de la realidad o inventados. Hay diferentes tipos de novela: **policíaca** y **de aventuras**, en las que la acción es lo más importante; **histórica**, basada en hechos reales; **testimonial**, tipo de relato que presenta los hechos como vistos a través de una cámara fotográfica, como en el caso de *El Jarama*, de Rafael Sánchez Ferlosio; **sicológica**, donde lo importante es el análisis y la presentación de los problemas interiores de los personajes. Otro tipo de novela es la llamada **novela-río**, como muchas novelas contemporáneas, donde se presenta una multitud de personajes a través de cuyas acciones el autor nos da un panorama amplio de la sociedad en que viven. Un ejemplo de este último tipo es *La colmena*, de Camilo José Cela.

Al analizar una novela, se deben tener en cuenta los siguientes puntos:

1. Clasificación (tipo)	8. Culminación (climax)
2. Temas y subtemas	9. Desenlace
3. Ambiente	10. Atmósfera
4. Argumento (trama)	11. Lenguaje
5. Personajes	12. Punto de vista
6. Uso del diálogo	13. Técnicas literarias
7. Desarrollo	

Teatro: Obra que se puede representar en un escenario mediante la acción y el diálogo. El diálogo puede estar escrito en verso o prosa. Generalmente está dividida en tres actos. Dentro de los actos puede haber una subdivisión de escenas. Hay diferentes tipos de obras teatrales: **tragedia**, obra que tiene un final terrible; **drama**, obra en la que el final es desdichado, pero es menos trágica que la anterior (por ej. *La mordaza*, de Alfonso Sastre), y **comedia**, obra más ligera que las anteriores, con un desenlace feliz.

---

[1] joined together

168

Al analizar una obra de teatro, se deben tener en cuenta los siguientes puntos:

1. Clasificación	6. Desarrollo
2. Temas y subtemas	7. Culminación
3. Ambiente (escenificación)	8. Desenlace
4. Trama	9. Lenguaje
5. Personajes	10. Técnicas dramáticas

Cuento: Narración de longitud variable, pero más corta que la novela. Generalmente desarrolla un solo tema central, y el número de personajes es limitado. El cuentista debe captar la atención del lector inmediatamente, dándole a la narración una intensidad y urgencia que no tiene la novela.

Al analizar un cuento, se deben considerar los siguientes aspectos:

1. Tema	7. Desenlace
2. Ambiente	8. Atmósfera
3. Argumento	9. Lenguaje
4. Personajes	10. Punto de vista
5. Desarrollo	11. Técnica
6. Culminación	

Ensayo: Escrito original, donde el autor expresa su opinión personal sobre un tema determinado, y cuya lectura no requiere del lector conocimientos técnicos previos para interpretarlo. El tema puede ser artístico, literario, científico, filosófico, político, religioso, social, etc.

Al analizar un ensayo, se deben tener en cuenta estos puntos:

1. Clasificación
2. Temas y subtemas
3. Desarrollo de la idea central
4. Lenguaje
5. Propósito del autor

Poesía: Composición que generalmente se escribe en verso. Se diferencia de los otros géneros en que es más intenso y concentrado. El poeta quiere trasmitir sus experiencias y emociones personales y para ello se vale de recursos tales como imágenes, metáforas, símbolos, ritmo, etc. Los poemas se clasifican según el número de versos y la forma en que éstos se agrupan. Tenemos así sonetos, romances, odas, redondillas, etc. Según el tema, el poema puede ser amoroso, filosófico, social, etc.

Al analizar un poema, se deben estudiar los siguientes puntos:

1. Clasificación	4. Ritmo	6. Tono
2. Métrica	5. Figuras poéticas (metáforas, símil, símbolos, imagen, etc.)	7. Lenguaje
3. Rima (consonante, asonante)		8. Temas

2. Algunos términos literarios

acento: donde cae la mayor intensidad en una palabra o en un verso. El acento es muy importante en la poesía española. Al contar las sílabas de un verso, se debe recordar lo siguiente: si la última palabra se acentúa en la antepenúltima sílaba se cuenta una sílaba menos; si se acentúa en la última, la sílaba acentuada vale por dos.[2]

acto: división principal de un drama. Generalmente las obras teatrales[3] tienen tres actos.

alegoría: cuando en una narración o historia, los personajes[4] y los incidentes representan ideas abstractas, normalmente morales o éticas, en términos concretos. La alegoría hace uso principalmente de la metáfora y la personificación.

alejandrino: verso de catorce sílabas, dividido en dos hemistiquios de siete:

Me/dia/ba el/mes/de/ju/lio. E/ra un/her/mo/so/dí/a.

aliteración: repetición de las mismas vocales o consonantes en un mismo verso. Normalmente le da al poema un sonido musical:

un no sé **qué que que**da balbuciendo[5]

ambiente (*setting*): los elementos como el paisaje, lugar geográfico y social en que se desarrolla una historia.

anáfora: repetición de una palabra al comienzo[6] de cada verso o frase:

¡**Ya** viene el cortejo!
¡**Ya** viene el cortejo! **Ya** se oyen los claros clarines.

anticipación (*foreshadowing*): cuando el autor anticipa una pequeña insinuación de lo que va a pasar, sin revelar mucho, para dejar al lector en suspenso.

antítesis: consiste en contrastar una palabra, una frase o una idea a otra de significado opuesto:

Y los de Enrique
cantan, **repican**[7] y gritan:
«Viva Enrique»; y los de Pedro
clamorean, **doblan**,[8] lloran
su rey muerto.

asonancia: cuando son idénticas solamente las vocales a partir[9] de la última acentuada:

Del salón en el ángulo oscuro,
de su dueño tal vez olvidada,
silenciosa y cubierta de polvo, veíase el arpa.

atmósfera: impresión general que nos da una obra al leerla, uniendo[10] todos los elementos de que se compone, como: tiempo, lugar, tema, personajes, etc. Según estos elementos, la obra puede ser de terror, cinismo, romántica, etc.

caricatura: representación exagerada de un personaje.

ciencia-ficción: narración en la que los hechos reales, los fantásticos y los imaginados pueden coexister en el mismo plano.

consonancia: rima de vocales y consonantes de dos palabras, entre dos o más versos, a partir de la última vocal acentuada:

en la madreselva[11] **verde**...
el corazón se le **pierde**...

---

[2]**vale...** counts as two   [3]**obras...** plays   [4]characters   [5]stammering   [6]beginning
[7]chime   [8]toll   [9]**a...** after   [10]joining   [11]honeysuckle

culminación (*climax*): punto de más intensidad en una obra. La acción llega a su momento culminante, y a partir de ahí, todos los problemas deben resolverse.

decasílabo: verso de diez sílabas:

a/pa/ga/ban/las/ver/des/es/tre/llas

desarrollo (*development*): forma en que el autor va presentando los hechos[12] e incidentes que llevan al desenlace de la historia.

desenlace (*ending*): solución que da el autor a la acción de la obra. Este final puede ser de sorpresa, trágico o feliz.

diálogo: conversación entre los personajes de una novela, cuento o drama. El diálogo sirve como medio[13] para desarrollar la trama y la acción, o caracterizar a los personajes de la obra.

dodecasílabo: verso de doce sílabas:

que a/nun/cia en/la/no/che/del/al/ma u/na au/ro/ra[14]

encabalgamiento (*enjambment*): cuando el significado de una frase continúa en el verso siguiente y, por lo tanto, el final de un verso se enlaza[15] con el que sigue:

Yo voy soñando caminos
de la tarde. ¡Las colinas[16]

endecasílabo: verso de once sílabas:

¿Dón/de/vo/la/ron/¡ay!/a/que/llas/ho/ras

eneasílabo: verso de nueve sílabas:

Ju/ven/tud/di/vi/no/te/so/ro[17]

escena (*scene*): subdivisión que hace un autor dentro de los actos de un drama. Algunos escritores[18] modernos dividen sus dramas en escenas o episodios solamente.

estilo (*style*): modo en que un autor se expresa.

estribillo (*refrain*): palabras que se repiten al final[19] de cada verso o estrofa en algunos poemas:

Que bien sé yo la fuente que mana y corre,
aunque es de noche.
Aquella eterna fuente está escondida,
que bien sé yo dónde tiene su salida,
aunque es de noche.

estrofa (*stanza*): agrupación de un número de versos. El número de versos agrupados en estrofas puede variar en un mismo poema.

fábula (*fable*): obra alegórica de enseñanza[20] moral, en la que los personajes son generalmente animales representantes de hombres. Entre las fábulas más famosas están las de Esopo, La Fontaine, Samaniego e Iriarte.

forma: estructura de la obra.

género (*genre*): división de obras en grupos determinados, según su estilo o tema. En literatura se habla de tres géneros principales: poético, dramático y novelístico.

---

[12]happenings   [13]means   [14]dawn   [15]**se**... is linked   [16]hills   [17]**tesoro**... treasure
[18]writers   [19]**al**... at the end   [20]teaching

heptasílabo: verso de siete sílabas:
y/la/tar/de/tran/qui/la

hexasílabo: verso de seis sílabas:
En/las/ma/ña/ni/cas

hipérbaton: la alteración del orden natural que deben tener las palabras de una frase según las leyes[21] de la sintaxis:
Frase normal: Vi las madreselvas a la luz de la aurora.
Hipérbaton: A la luz vi las madreselvas de la aurora.

hipérbole: exageración de los rasgos[22] o cualidades de una persona o cosa para darles énfasis:
érase un hombre a una nariz pegado[23]

imagen: representación de una cosa determinada con detalles exactos y evocativos.

ironía: se produce cuando la realidad y la apariencia están en conflicto. Cuando una palabra o idea tiene un significado opuesto al que debe tener. Existen muchas clases de ironías: verbal, de acción, de situación y dramática.

lenguaje: estilo con el que el autor se expresa. Puede ser poético, científico o cotidiano.[24]

medida *(measure):* número y clase de sílabas que tiene un verso.

metáfora: manera de hablar en la que se comparan dos objetos, identificando uno con el otro. Por lo general, los objetos son completamente diferentes en naturaleza, pero tienen algún elemento en común. La comparación es puramente imaginativa:
La **antorcha**[25] eterna asoma por el horizonte   (antorcha: sol)

métrica *(versification):* arte y ciencia que tratan de[26] la composición poética.

monólogo: parte de una obra en la que el personaje habla solo. Se llama **soliloquio** si el personaje se encuentra solo en escena.

monólogo interior *(stream of consciousness):* son las ideas que pasan por la mente[27] de un personaje en una novela, y son presentadas según van surgiendo[28] sin una secuencia ordenada.

moraleja: enseñanza moral que aparece al final de las fábulas.

narrador: el que cuenta la historia.

octosílabo: verso de ocho sílabas:
Por/el/mes/e/ra/de/ma/yo

oda: composición lírica de tono elevado, sobre diversos temas y métrica variada:
Templad mi lira, dádmela, que siento
en mi alma estremecida y agitada
arder la inspiración...

---

[21]rules   [22]features   [23]glued   [24]everyday   [25]torch   [26]**tratan...** deal with   [27]mind
[28]**según...** as they come out

onomatopeya: recurso poético con el que el significado de una cosa se sugiere por el sonido[29] de la palabra que se usa. Esto puede ocurrir en una palabra sola, o en la combinación del sonido de varias palabras:

no/che/de/San/Juan

susurro,[30] tictac, zigzag, gluglú

pentasílabo: verso de cinco sílabas:

no/che/de/San/Juan

personaje *(character):* persona en una novela, drama, cuento o poema. Hay muchas clases de personajes: principal, secundario, completo, plano,[31] símbolo y tipo.

personificación: especie de metáfora en la que se le atribuyen cualidades humanas a objetos o cosas inanimadas:

La luna llora en la noche.

protagonista: personaje principal de una obra. Normalmente es la persona que más cambia y alrededor de la cual gira[32] la acción central.

punto de vista *(point of view):* según quién sea el narrador de la obra, así es el punto de vista. Si el narrador es el autor, el cual puede ver todo lo que pasa, se le llama autor omnisciente. Si es un personaje, puede ser el «yo testigo»[33] o el «yo personaje». Según todo esto, el punto de vista puede resultar móvil o estático, microscópico o telescópico, universal o individual.

redondilla: estrofa de cuatro octosílabos de rima consonante *abba*:

Ya conozco tu ruin trato
y tus muchas trafacías,[34]
comes las buenas sandías[35]
y nos das liebre[36] por gato.

retrovisión *(flashback):* técnica cinematográfica usada por novelistas y dramaturgos.[37] A través de una serie de retrocesos al pasado, en una historia, el lector conoce los hechos que llevaron al momento presente.

rima: repetición de los mismos sonidos al final de dos o más versos, después de la última vocal acentuada. La rima puede ser asonante o consonante.

ritmo: sonido musical del lenguaje producido por acentos, pausas y repetición de ciertas consonantes:

noche que noche nochera

símil: comparación expresa de un objeto con otro para darle un sentido más vivo:

las gotas de agua como lágrimas del día

sinalefa: unión regular de la última vocal de una palabra con la primera de la palabra que sigue para formar una sílaba:

Di/cho/so[38] el/ár/bol/que es/a/pe/nas/sen/si/ti/vo

---

[29]sound   [30]whisper   [31]flat   [32]revolves   [33]witness   [34]falsehoods   [35]watermelons
[36]hare   [37]playwrights   [38]fortunate

subtema: en una obra, temas secundarios que pueden desarrollarse en contraste, separada o paralelamente a la acción principal.

tema: pensamiento[39] central de la obra.

tetrasílabo: verso de cuatro sílabas:
Vein/te/pre/sas

tipo: personaje en una obra que representa ciertos aspectos de una clase social, pero que no tiene individualidad.

trama/argumento *(plot):* plan de acción de una novela, un cuento o una obra teatral.

trisílabo: verso de tres sílabas:
la/rue/da

versificación: arte de hacer versos. Si los versos tienen un número determinado de sílabas, se llaman **métricos**; si no, **asimétricos**.

verso: grupo de palabras que componen una línea del poema:
Despertad, cantores:
acaben los ecos,
empiecen las voces.   *(tres versos)*

verso libre: verso que no se ajusta ni a rimas ni a medidas:
Hoy ya no soy aquella
muchacha
que calzaba sandalias de primavera

---

[39]thought

VOCABULARIO

A

a duras penas   with great difficulty
a fuer de   in the manner of
a lo mejor   maybe
a medida que   as
a primera vista   at first sight
a punto de   about, on the verge of
a salvo   safe
a toda máquina   at full speed
a través de   through
abalanzarse (sobre)   to throw oneself (on)
abochornado(a)   overheated
abrazar   to hug, to embrace
abrumar   to oppress, to overwhelm
aburrimiento (m.)   boredom
aburrirse   to get bored
acaecer   to happen
acariciar   to caress
acaso   perhaps
acera (f.)   sidewalk
acontecimiento (m.)   event
acorralar   to corner
acudir   to come
achaque (m.)   indisposition
adelante   in front
adivinar   to guess
advertencia (f.)   warning
advertir (e > ie)   to notice, to warn
agacharse   to stoop
agregar   to add
aguacero (m.)   heavy shower
aguantarse   to resign oneself
aguardar   to wait (for)
agujereado(a)   full of holes
ahinco (m.)   eagerness, insistence
ahogar   to choke
ahumado(a)   tinted
aislado(a)   isolated
 aislar   to isolate

al alcance (de)   within reach
alboroto (m.)   confused noise
alborozado(a)   exhilarated
alcalde (m.)   mayor
alcanzar   to reach, to obtain
alejarse   to go away
aletargado(a)   lethargic
al fin de cuentas   after all
alforja (f.)   saddlebag
alistar(se)   to prepare, to get ready
alivio (m.)   relief
alumbrar   to light
amabilidad (f.)   kindness
amado(a)   beloved
amanecer (m.)   dawn
amante (m., f.)   lover
amar   to love
amarrar   to join, to tie
amartillar   to cock (a gun)
amenazador(a)   threatening
amistad (f.)   friendship
amonestar   to scold
amparo (m.)   protection, shelter
anciano(a)   old man (woman)
angosto(a)   narrow
angustia (f.)   anguish
animar   to cheer up
ansiar   to long (for)
anterior   previous
añorar   to miss
apagar   to quench (thirst), to put out
aparcar   to park
apearse   to get off, to dismount
apedrear   to stone
apellido (m.)   surname
aplastado(a)   dispirited, disheartened
aplazar   to postpone
apoyarse   to lean
apresuradamente   rapidly, fast, in a hurry
apresurarse   to hurry up

apretar el gatillo   to pull the trigger
aprovechar   to take advantage
apuesta (*f.*)   bet
arboleda (*f.*)   grove
arcano(a)   secret
arco iris (*m.*)   rainbow
arder   to burn
arduo(a)   difficult
argolla (*f.*)   large ring
aromar   to perfume
arrabal (*m.*)   suburb
arrancar   to start (*i.e.*, *a car*), to pull
arrastrar   to drag
arrebato (*m.*)   rage
arrimar   to draw near
arrodillado(a)   on one's knees
arrollar   to run over
arroyo (*m.*)   brook
arrugado(a)   wrinkled
as (*m.*)   ace
  — de espadas   ace of spades
asco (*m.*)   nausea
asentir (e > ie)   to agree
asesinar   to murder
asomar   to show
asombro (*m.*)   amazement
aspaviento (*m.*)   excessive emotion
asustadizo(a)   fearful
asustado(a)   frightened
asustar   to frighten
atarearse   to be busy
aterrador(a)   terrifying
atónito(a)   aghast
atropellar   to run over
aturdido(a)   stunned
audaz   bold
auxilio (*m.*)   help
avaro(a)   stingy, miserly
avergonzado(a)   ashamed, embarrassed
ayuda (*f.*)   help
azahar (*m.*)   orange blossom
azorado(a)   anxious

B

baboso(a)   drooling (*person*)
bajeza (*f.*)   meanness
balazo (*m.*)   shot

banqueta (*f.*)   stool
barra (*f.*) **de rouge**   lipstick
barranco (*m.*)   ravine
barrer   to sweep
barro (*m.*)   mud
bastar   to suffice, to be enough
bastón (*m.*)   walking stick, cane
bata (*f.*)   gown, dressing gown
beca (*f.*)   scholarship
belleza (*f.*)   beauty
bellota (*f.*)   acorn
besar(se)   to kiss
bienvenido(a)   welcome
bobo(a)   dumb, stupid
bocabajo   face down
bocacalle (*f.*)   intersection
bocina (*f.*)   horn
bochorno (*m.*)   shame, humiliation
bolsillo (*m.*)   pocket
bonachón(ona)   kind
bordar   to embroider
borronear   to scribble
boruca (*f.*)   noise
bostezo (*m.*)   yawn
botica (*f.*)   pharmacy
brillar   to shine
brindar   to offer
bulla (*f.*)   noise
buzón (*m.*)   mailbox

C

caballería (*f.*)   chivalry
caballero   knight, gentleman
cacería (*f.*)   hunting party
caer en gracia   to seem funny
cajetilla (*f.*)   pack of cigarettes
cajón (*m.*)   drawer
calvo(a)   bald
calzada (*f.*)   street
callarse   to keep quiet
cambiante   changing
caminante (*m.*)   traveler, person who
  walks
camino (*m.*)   road
camino de   on one's way to
camión (*m.*)   truck
campana (*f.*)   bell

campanario (*m.*)   bell tower
campo (*m.*)   field
 — **de batalla**   battlefield
canalla (*m., f.*)   scoundrel
capullo (*m.*)   blossom
cansancio (*m.*)   tiredness
capellán   chaplain
carácter (*m.*)   personality
cargar   to load
caridad (*f.*)   charity
cariño (*m.*)   love, affection
carne (*f.*)   flesh
carrera (*f.*)   race
castigar   to punish
castigo (*m.*)   punishment
casualidad (*f.*)   coincidence
cejas (*f. pl.*)   eyebrows
celos (*m. pl.*)   jealousy
cerdo (*m.*)   pig
cerro (*m.*)   hill
cesar   to stop
ciego(a)   blind
cierto   true
ciervo   deer
cigarrillo (*m.*)   cigarette
cintillo (*m.*)   hat band
cintura (*f.*)   waist
citar   to make an appointment (with)
clave (*f.*)   clue
cobarde (*m., f.*)   coward
cobardía (*f.*)   cowardice
cocinar   to cook
coco (*m.*)   boogeyman
coger   to catch, to pick up, to take hold of
cola (*f.*)   tail
colador (*m.*)   strainer
colgar (**o > ue**)   to hang (up)
colmar   to fill
colmo (*m.*)   utmost
colocar(se)   to place (*oneself*)
comezón (*f.*)   itching, itch
compadecer   to be sorry for
complacer   to please
componer   to fix
comportarse   to behave
comprender   to understand
comprobar (**o > ue**)   to test, to verify, to prove
comulgar   to take communion

concurso (*m.*)   contest
conde   count
conductor(a)   driver
conferencia (*f.*)   lecture
constar   to be evident
convertir(se) (**e > ie**)   to turn
corazón (*m.*)   heart
cortejar   to court (*a woman*)
correrse   to move over
cosa (*f.*)   thing
cosecha (*f.*)   harvest
coser   to sew
crecer   to grow
creciente   growing (*adj.*)
crepúsculo (*m.*)   twilight
cruzar   to cross, to go across
cuaresma (*f.*)   lent
cuartel (*m.*)   barracks
cubierta (*f.*)   cover (*i.e., of a book*)
cuerda (*f.*)   string
cuerpo (*m.*)   body
cuervo (*m.*)   raven
cuesta (*f.*)   hill
cuidado (*m.*)   care, be careful
culpable   guilty
cuna (*f.*)   cradle, crib
cura (*m.*)   Catholic priest
curandero(a)   witch doctor, healer
curtido (*m.*)   tanned
custodiar   to guard

CH

chacra (*f.*)   farm
chapa (*f.*)   license plate
charco (*m.*)   puddle
charretera (*f.*)   epaulet
chino(a)   Chinese
chistoso(a)   funny
chocar   to shock

D

danzaderas   dancing
dar   to give
 — **cuerda**   to wind
 — **marcha atrás**   to back up
 — **un paso**   to take a step
 — **vueltas**   to go around

darle a uno la gana to feel like
— **rabia a uno** to make one angry
darse por vencido(a) to give up
de aquí en adelante from now on
de guardia on duty
de ningún modo (in) no way
de ninguna manera (in) no way
de nuevo again
de pronto suddenly
de rodillas on one's knees
de un lado on the one hand
de veras really
debajo de under, beneath
debilidad (f.) weakness
decaído(a) depressed
decreciente diminishing
defraudar to disappoint
dejar caer to drop
dejar en paz to leave alone
delator(a) informer
deletrear to spell
deletreo (m.) spelling
delicadeza (f.) gentleness,
  exquisiteness
delito (m.) crime
demandar to want, to ask for
demudado(a) changed
deparar to give
derrota (f.) defeat
desabrochar to unbutton
desamparado(a) helpless
descansar to rest
descarga (f.) firing
descargar to unload
desconcertado(a) bewildered
desconfiar to distrust
desde luego of course
desdeñar to disdain
desdeñoso(a) disdainful
desdoblar to unfold
desenvolver (o > ue) to develop
desfalco (m.) embezzlement
desfallecer to faint
desgracia (f.) misfortune
desgraciado(a) miserable, unfortunate
deshojado(a) without leaves
deshojar to strip off the leaves or petals
deslizarse to slide
desnudar(se) to undress

despacio slowly
despavorido(a) terrified
despedazado(a) torn to pieces
despedir (e > i) to throw out
despedirse (e > i) to say goodbye, to
  see (someone) off
desplomarse to fall
despojos (m.) remains
despreciar to scorn
desprecio (m.) scorn
desprovisto(a) (de) lacking
desvanecerse to vanish
detenerse to stop
devoción (f.) devotion
diablo devil
diario(a) daily
dichoso(a) happy, lucky
digno(a) worthy
dique (m.) dock
dirigir to address (i.e., a letter)
dirigirse a to walk (toward)
disparar to shoot
disparate (m.) nonsense
disparo (m.) shot
dolorido(a) aching
doloroso(a) painful
dorado(a) golden
dormido(a) asleep
don (m.) gift
dote (f.) dowry
dramaturgo playwright
duelo (m.) mourning
dulcedumbre (f.) sweetness
dulcería (f.) bakery
dulzura (f.) sweetness

E

ebrio(a) drunk
echar to pour out, to throw out
— **el bofe** to be out of breath
— **en el olvido** to forget
— **suertes** to cast lots
editor(a) publisher
eje (m.) center
ejército (m.) army
embotellamiento (m.) **de tráfico** traffic
  jam

embrutecer   to brutalize
emocionante   thrilling
empuñadura (*f.*)   handle
en rededor   around
en torno   around
en vano   in vain
enamorado(a) de   in love with
encadenar   to chain
encaje (*m.*)   lace
encalado(a)   whitewashed
encargarse (de)   to take charge of
encendido(a)   bright (*color*), on (*i.e., an electrical appliance*)
encerrar (e > ie)   to lock up
encima (de)   on top of, above, on, over
enfermizo(a)   sickly
enfilado(a)   in a line (*row*)
engañar   to deceive
enjugar(se)   to wipe
enlutado(a)   in mourning
enrollar   to wrap around
ensangrentado(a)   bloody
enterarse   to find out
enternecimiento (*m.*)   tenderness
enterrar (e > ie)   to bury
entierro (*m.*)   burial
entornar   to half-close
entrometido(a)   meddler
envanecerse   to become vain
envejecer   to get old
equivocarse   to make a mistake
errar   to wander
esclavo(a)   slave
esconder(se)   to hide
escritor(a)   writer
escritorio (*m.*)   office, desk
esfuerzo (*m.*)   effort
esmalte (*m.*)   enamel
espada (*f.*)   sword
espanto (*m.*)   terror
esparadrapo (*m.*)   adhesive tape
especie (*f.*)   kind
esperanza (*f.*)   hope
espolvorear   to scatter dust
estacionar   to park
estado (*m.*) **de ánimo**   mood
estampido (*m.*)   shot
estantería (*f.*)   shelves

estela (*f.*)   wake of a ship
estimar   to esteem
estratagema (*f.*)   plan, strategy
estrecho(a)   narrow
estrujar   to squeeze
etapa (*f.*)   period of time
evitar   to avoid
exactitud (*f.*)   accuracy
exigir   to demand
eximir   to exempt, to excuse
éxito (*m.*)   success
explicación (*f.*)   explanation
extender (e > ie)   to stretch
extraño(a)   strange

F

fábrica (*f.*)   factory
fachada (*f.*)   façade
falta de   lack of
faltar   to be missing
fallecer   to die
fango (*m.*)   mud
fantasma (*m.*)   ghost
farol (*m.*)   lantern
fastidiar   to annoy
fe (*f.*)   faith
festejar   to applaud, to appear to enjoy
fichero (*m.*)   file cabinet
fijarse   to notice, to pay attention
fila (*f.*)   row
final (*m.*)   end
fingir   to pretend
fino(a)   refined
flaquear   to lack strength
fondo (*m.*)   depth, bottom
forastero(a)   stranger
frac (*m.*)   dress coat
fracasar   to fail
frenar   to brake
fresco(a)   fresh
frondoso(a)   leafy
frontera (*f.*)   border
fruncir el ceño   to frown
fuego (*m.*)   light, fire
fuerte   strong
fuerza (*f.*)   strength
fugaz   fleeting
fulgor (*m.*)   brilliance

fumar to smoke
fusil (*m.*) rifle
fusilamiento (*m.*) execution
fusilar to shoot, to execute

G

galantería (*f.*) gallantry
galo(a) Welsh
gallego(a) from Galicia, Spain
ganado (*m.*) cattle
ganador(a) winner
garganta (*f.*) throat
gato(a) cat
gemido (*m.*) moan
germinal budding
gesto (*m.*) gesture
girar to revolve, to rotate
goce (*m.*) enjoyment, pleasure
golfa tramp (*Spain*)
golpe (*m.*) knock
gota (*f.*) drop
granizo (*m.*) hail
greda (*f.*) crumbly soil
gritar to shout
grueso(a) thick, big
guerra (*f.*) war
guía (*f.*) guide
    — de teléfonos telephone book

H

hacer de cuenta to pretend
hacer un rodeo to go around
    — una pregunta to ask a question
hacerse ilusiones to dream
    (*figuratively*)
hallar to find
hecho (*m.*) event, incident
helado(a) icy
herido(a) wounded
hermandad (*f.*) brotherhood
hervir (e > ie) to boil
herramienta (*f.*) tool
hielo (*m.*) ice
hierba (*f.*) herb, plant
hilo (*m.*) linen
hipódromo (*m.*) racetrack
hoja (*f.*) sheet (*of paper*)

hondo(a) deep
hondor (*m.*) depth
hormiguero (*m.*) anthill
horno (*m.*) oven
huelga (*f.*) strike
huella (*f.*) track
huerta (*f.*) orchard
huerto (*m.*) orchard
hueso (*m.*) pit (*i.e., of an olive*), bone
humo (*m.*) smoke

I

importarle un bledo a uno not to care in
    the least
improcedente inappropriate
inadvertido(a) unseen, unnoticed
inalcanzable unreachable
inconexo(a) unconnected, incoherent
incorporarse to sit up
inesperadamente unexpectedly
infierno (*m.*) hell
infortunio (*m.*) misfortune
ingrato(a) ungrateful
inhabilitar to disqualify
inofensivo(a) harmless
inolvidable unforgettable
inquieto(a) worried, restless
inscribir(se) to register
intentar to try, to attempt
inútil useless
invitado(a) guest

J

jaba (*f.*) bag
jaca (*f.*) nag
jactarse to brag
jadear to pant
jarro (*m.*) earthen jug
jinete (*m., f.*) rider
joroba (*f.*) hump
joya (*f.*) jewel
jurar to swear

L

ladrar to bark
ladrido (*m.*) barking
lagartija (*f.*) lizard

lágrima (*f.*) tear
lana (*f.*) wool
lanzarse to rush (*upon*)
latir to beat
leal loyal
lealtad (*f.*) loyalty
lectura (*f.*) reading
lecho (*m.*) bed
legar to bequeath
legua (*f.*) league
lejano(a) far away
letra (*f.*) handwriting
leve light
levita (*f.*) frock coat
librar to deliver, to free
ligero(a) light
limosna (*f.*) alms
limosnero(a) beggar
lío (*m.*) problem
liviano(a) light
lobo (*m.*) wolf
lograr to manage
lúgubre lugubrious
luna (*f.*) moon
lunar (*m.*) mole

LL

llamear to flame
llano (*m.*) plain
llanto (*m.*) crying, weeping
llorar to cry, to weep
lloriquear to whine

M

madrugada (*f.*) dawn
maduro(a) ripe
mal (*m.*) evil
maldecir to curse
maldición (*f.*) curse
malear to spoil
maledicencia (*f.*) slander
manantial (*m.*) spring
manar to spring
manchado(a) stained
manchar to stain
manejarse to handle oneself, to manage
manejo (*m.*) device, handling
manga (*f.*) sleeve

manía (*f.*) bad habit
maniobra (*f.*) maneuver
manzana (*f.*) city block
marcharse to leave, to go away
marchito(a) withered
marearse to get dizzy
margarita (*f.*) daisy
marido (*m.*) husband
marinero (*m.*) sailor
mata (*f.*) plant
matar to kill
mazorca (*f.*) ear of corn
media (*f.*) stocking
mejilla (*f.*) cheek
mejorar to improve
mensaje (*m.*) message
mentira (*f.*) lie
merecer to deserve
 — la pena to be worthwhile
mezquino(a) petty
miedo (*m.*) fear
miga (*f.*) crumb
milagroso(a) miraculous
mimo (*m.*) pampering
mirada (*f.*) glance, look, stare
mirar fijamente to stare
modo (*m.*) way
mojado(a) wet
mojarse to get wet
molino (*m.*) mill
moneda (*f.*) coin
mono(a) (*adj.*) cute
montón (*m.*) heap
mordaz (*adj.*) biting
morder (**o > ue**) to bite
moribundo(a) dying
mostrador (*m.*) counter
moza girl
mudo(a) mute
mujer woman, wife
multitud (*f.*) crowd
mustio(a) parched

N

nacer to be born
naipe (*m.*) card
nave (*f.*) ship
 — espacial spaceship

necio(a) fool
negar (e > ie) to refuse, to deny.
ni siquiera not even
nido (*m.*) nest
niñez (*f.*) childhood
nube (*f.*) cloud
nuca (*f.*) nape of the neck
nudillo (*m.*) knuckle
nudo (*m.*) knot

O

obrero(a) worker
oculto(a) hidden
odiar to hate
odio (*m.*) hatred, hate
ojeada (*f.*) glance
oleaje (*m.*) succession of waves
olor (*m.*) smell
olla (*f.*) pot
onda (*f.*) wave
opinar to give an opinion
oprimir to oppress
oración (*f.*) prayer
orgullo (*m.*) pride
orilla (*f.*) border, edge
oscurecer (*m.*) dusk
oscurecer to get dark

P

padecer to suffer
palidecer to become pale
palmada (*f.*) slap
pamplina (*f.*) nonsense
pantorilla (*f.*) calf (*of the leg*)
pañuelo (*m.*) handkerchief
papel (*m.*) role
parado(a) standing
pareja (*f.*) couple
pariente (*m., f.*) relative
párpado (*m.*) eyelid
partir to depart, to leave
parto (*m.*) delivery (*of a baby*)
parroquia (*f.*) parish
pasar to come in, to pass, to happen
  — **la aspiradora** to vacuum
  — **hambre** to go hungry
pasas (*f.*) raisins
pasearse to pace

paso (*m.*) entrance, step
pastelería (*f.*) bakery
pastilla (*f.*) pill
pastor(a) shepherd
pato (*m.*) duck
paz (*f.*) peace
pecado (*m.*) sin
pecar to sin
pechos (*m.*) breasts
pedazo (*m.*) piece
pedido (*m.*) request
pegar to glue, to hit, to beat
peligro (*m.*) danger
peludo(a) hairy
pena (*f.*) grief
pensamiento (*m.*) thought
perder (e > ie) to lose, to miss
perenne perpetual
pérfido(a) evil
persiana (*f.*) slatted shutter, venetian
  blind
perturbador(a) disturbing
pesadilla (*f.*) nightmare
pesadumbre (*f.*) grief
pesar to weigh
peso (*m.*) weight
piedra (*f.*) stone
pileta (*f.*) swimming pool
pinchazo (*m.*) shot
pintor(a) painter
pisar to step, to walk on
pitar to honk
platicar to talk
plenitud (*f.*) fullness
pluma (*f.*) feather
poblar (o > ue) to populate
poderoso(a) powerful
polvareda (*f.*) cloud of dust
polvo (*m.*) dust
pólvora (*f.*) gunpowder
polvoriento(a) dusty
pompa (*f.*) grandeur
ponerse colorado(a) to blush
  — **en marcha** to start walking, going
  — **rojo(a)** to blush
por lo tanto so
  — **poco** almost
pormenores (*m.*) details
portarse to behave

pozo (*m.*) well
prado (*m.*) meadow
premio (*m.*) prize
presión (*f.*) pressure
preso(a) imprisoned
prever to anticipate
procurar to try
prometer to promise
proporcionar to supply
prueba (*f.*) proof
pudor (*m.*) modesty
pueblo natal (*m.*) hometown
puente (*m.*) bridge
puerto (*m.*) port
puñado (*m.*) handful
punta (*f.*) point

Q

quedar en to agree on
quedarse to remain, to stay
— **callado(a)** to remain silent
— **con** to keep
quemar to burn
quevedos (*m.*) eyeglasses
quieto(a) still
quijada (*f.*) jaw
quitar el sueño to keep awake

R

rabia (*f.*) rage, fury
rabioso(a) furious
racimo (*m.*) bunch
raíz (*f.*) root
rama (*f.*) branch
ramo (*m.*) wreath, bouquet
rana (*f.*) frog
raro(a) strange, rare
rascacielo (*m.*) skyscraper
rastro (*m.*) track
ratón (*m.*) mouse
rayuela (*f.*) hopscotch
recado (*m.*) message
recelo (*m.*) suspicion
recoger to pick up
recóndito(a) hidden away
reconfortante comforting
recorrer to travel

recostarse (**o** > **ue**) to lean, to lie down
recova (*f.*) shed, poultry market
recuerdo (*m.*) memory, souvenir
rechazar to reject, to push away
redactar to write
regañar to scold
regazo (*m.*) lap
rehuir to avoid, to reject
reja (*f.*) iron grate
relatar to tell
relato (*m.*) story
rematar to auction
rendirse (**e** > **i**) to surrender
renunciar to give up
resorte (*m.*) spring
respirar to breathe
retrato (*m.*) portrait
retroceder to back up
reventar (**e** > **ie**) to burst
revuelo (*m.*) flying to and fro
rincón (*m.*) corner (*i.e., in a room*)
rodar (**o** > **ue**) to wander around
rodear to surround
rostro (*m.*) face
rozar to rub
rubricar to sign and seal
rudo(a) coarse, crude
ruido (*m.*) noise
rumbo (*m.*) direction

S

sábana (*f.*) sheet
sabiduría (*f.*) wisdom
sablazo (*m.*) blow from a saber
sabor (*m.*) flavor
saco (*m.*) coat
salina (*f.*) salt marsh
salpicar to splash
saltar to jump (over), to leap (over)
salto (*m.*) leap, jump
sandía (*f.*) watermelon
sano(a) healthy
sanseacabó that's it
sartén (*f.*) frying pan
seco(a) dry
seda (*f.*) silk
sello (*m.*) stamp
semáforo (*m.*) traffic light

sembrar (e > ie) to sow
semejante such (a), (n.) fellow being
senda (f.) path
sendero (m.) path
seno (m.) depth (fig.)
sentimiento (m.) feeling
señalar to point
Señor Lord
sepulcro (m.) tomb
sepultar to bury
ser (m.) being
— **humano** (m.) human being
simpatía (f.) charm
sin apuro unhurriedly
— **falta** without fail
— **ganas** unwillingly
— **sentido** unconscious
sindicato (m.) union
sobrar to be over and above
sobre (m.) envelope
sobresaltarse to jump
soldado soldier
soleado(a) sunny
soltero(a) single
sollozar to sob
sollozo (m.) sob, sobbing
sombra (f.) shadow
sombrío(a) dark, gloomy
sonido (m.) sound
sonrisa (f.) smile
soñar (o > ue) to dream
soñoliento(a) sleepy
soplar to blow
soportable bearable
sordo(a) deaf
sospecha (f.) suspicion
suavidad (f.) softness, tenderness
suceder to happen
suceso (m.) happening, event
sudor (m.) perspiration, sweat
sudoroso(a) sweaty
sueco(a) Swedish
suelo (m.) ground
suelto (m.) newspaper clipping
sueño (m.) dream
suerte (f.) destiny, luck, fate
sujetar to hold (down)
surco (m.) furrow

suspicaz distrustful
susto (m.) fright

T

taco (m.) heel (of a shoe)
tambor (m.) drum
tapa (f.) lid
tapar(se) to cover (oneself) up
tardanza (f.) delay
tartamudear to stutter
tejido (m.) textile
tela (f.) canvas, fabric
temeroso(a) fearful
temor (m.) fear
tener ganas de to feel like
tener la sartén por el mango to have
the upper hand
tentador(a) tempting
tentar (e > ie) to tempt
terco(a) stubborn
ternura (f.) tenderness
terreno (m.) land
tesoro (m.) treasure
timbre (m.) stamp (Méx.)
tinieblas (f.) darkness
tío guy (Spain)
tiovivo (m.) merry-go-round
tirante urgent, tense
tiro (m.) shot
tocar la bocina to honk
tocino (m.) bacon
tomar una decisión to make a decision
torcido(a) crooked
tormenta (f.) storm
torpeza (f.) stupidity
torre (f.) tower
toser to cough
tragar to swallow
trajín (m.) going to and fro
traición (f.) treason
tramar to plot
tranquilo(a) calm, peaceful
tranvía (m.) streetcar
trazo (m.) outline
trenza (f.) braid
tristeza (f.) sadness
tronchar to cut off

tropezar (e > ie)   to trip
trueque (*m.*)   exchange
tuerto(a)   one-eyed
tumba (*f.*)   tomb, grave
tumbarse   to lie down
turbio(a)   muddy

U

ultraje (*m.*)   abuse, insult
unir   to join, to unite

V

vacilar   to doubt
vagón (*m.*)   car (*railroad*)
vaina (*f.*)   pod
valeroso(a)   brave
valor (*m.*)   value
vaquera   cowgirl
vejez (*f.*)   old age
velorio (*m.*)   wake
vena (*f.*)   vein
vendedor(a)   salesman, saleswoman
venganza (*f.*)   revenge
vengar   to avenge
vengarse (de)   to take revenge
ventaja (*f.*)   advantage
ventura (*f.*)   happiness

verdugo   executioner
vergonzoso(a)   shameful
vergüenza (*f.*)   shame
verja (*f.*)   iron gate
verosímil   believable
verter (e > ie)   to shed (*i.e., tears*)
vía (*f.*)   track
vid (*f.*)   vine
vientre (*m.*)   belly
vigilar   to watch
vínculo (*m.*)   tie, bond
vislumbrar   to imagine
víspera (*f.*)   eve
viuda   widow
viudo   widower
vivo(a)   alive
volante (*m.*)   steering wheel
voluntad (*f.*)   will
volverse (o > ue)   to turn around
volverse loco(a)   to go crazy

Y

yeso (*m.*)   cast

Z

zaguán (*m.*)   entrance
zarpar   to weigh anchor
zorro   fox